LES
TRADITIONS
INDO-EUROPÉENNES
ET AFRICAINES

PAR

LOUIS JACOLLIOT

PARIS

LIBRAIRIE INTERNATIONALE

A. LACROIX ET Cie, ÉDITEURS

13, RUE DU FAUBOURG-MONTMARTRE, 13

1876

Tous droits de reproduction et de traduction réservés.

LES TRADITIONS

INDO-EUROPÉENNES

ET AFRICAINES

LES
TRADITIONS
INDO-EUROPÉENNES
ET AFRICAINES

PAR

LOUIS JACOLLIOT

PARIS

LIBRAIRIE INTERNATIONALE
A. LACROIX ET Cᵢₑ, ÉDITEURS
13, RUE DU FAUBOURG-MONTMARTRE, 13

1876

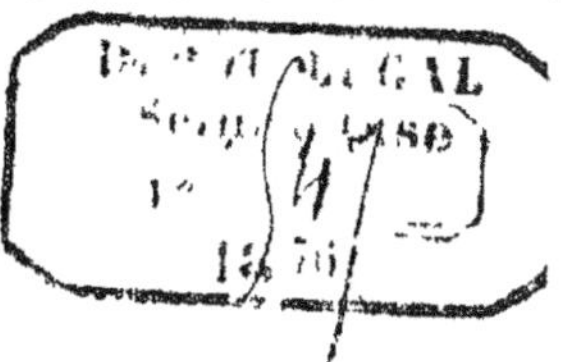

PREMIÈRE PARTIE

DU TYPE PRIMITIF DE LA COMMUNE
LANGUE INDO-EUROPÉENNE
MÉCANISME DU SANSCRIT

LES TRADITIONS

INDO-EUROPÉENNES ET AFRICAINES

PREMIÈRE PARTIE

CHAPITRE PREMIER

QUEL EST LE TYPE PRIMITIF DES LANGUES INDO-EURO-
PÉENNES. — OPINIONS DES LINGUISTES. — L'EXHUMA-
TION D'UNE LANGUE. — MÉCANISME DU SANSCRIT.

Les sciences exactes, et notamment la linguistique, n'ont pas de plus terrible ennemi que l'hypothèse ; car il n'est pas du tempérament humain, en
face d'une difficulté dont la solution n'a été supposée que pour examiner si elle cadrait avec la somme
des faits acquis ou considérés comme tels, d'aban-
donner aisément la solution qu'il a imaginée.

Ce ne sont pas les vérités clairement démontrées, et qui finissent par faire partie du bagage commun, qui attirent le plus l'homme d'études, mais bien les lacunes de la science, que chacun tient à honneur de combler. Sur ce terrain, l'hypothèse reste rarement dans un rôle prudent et réservé; à peine est-elle née, que celui qui l'a mise au jour la caresse comme l'enfant chéri de ses veilles; plus il rencontre d'obstacles sur sa route, plus il a de difficultés à combattre, et plus il s'y attache. L'hypothèse ne tarde pas à produire un système ; si son auteur est de haut parage, elle devient officielle, fait école et conserve ses adeptes longtemps après qu'elle ne compte plus dans la science; et c'est ce qui fait qu'il est peut-être plus facile de découvrir une vérité, que de déraciner une erreur.

Les linguistes de l'école allemande, dont nous avons déjà étudié les théories[1] sur l'origine du langage, ne se sont pas bornés à introduire dans la linguistique pure, des hypothèses anthropologiques que rien ne justifie dans l'état actuel de nos connaissances, ils ne se sont pas contentés d'inventer le *gorille perfectionné* ou *primate*, ancêtre de l'humanité et créateur du langage articulé; marchant d'hypothèse en hypothèse, de suppositions en supposi-

_____
1. *Traditions indo-asiatiques.*

tions, malgré la gravité apparente de leurs raisonnements, ils semblent avoir constamment tenu à
honneur de remplacer l'exactitude scientifique par
cette fantaisie lourde et pédantesque, si fort en
honneur sur les bords du Rhin, où elle passe pour
de la profondeur. .

Nous ne méconnaissons point l'érudition germanique, mais nous disons que cette grosse érudition toute composée de compilations dignes des
bénédictins, s'exerce souvent sans jugement, sans
méthode, sur des sujets d'imagination pure, auxquels elle donne des apparences scientifiques, par un
luxe de syllogismes, de considérations étrangères et
surtout de citations, qui déguisent assez habilement
la faiblesse des prémisses, et le peu de logique de la
question principale.

Voyez Kant, qui fut l'idole de l'Allemagne.....
après avoir puisé l'idée de la *critique de la raison
pure* dans Pyrrhon et Montaigne, le philosophe se
met à détruire une à une toutes les lois de la raison, et repoussant la conscience, la loi morale et jusqu'à la certitude qui nous vient de nos sens, il éteint
le flambeau qui dirige l'humanité, refuse à la raison
le droit d'affirmer ses propres raisonnements.....
puis, tout d'un coup, effrayé d'avoir eu tant d'au-
dace, il se met à reconstruire le monument qu'il
a dévasté, et remonte à la raison et à Dieu par

des considérations de devoir et de foi idéale.

Après avoir soutenu que nos facultés n'ont rien de légitime, que tout est relatif aux lois de notre esprit et que c'est un cercle vicieux qué de prouver l'exactitude de nos jugements par la raison, alors qu'on est ensuite obligé de démontrer l'existence de la raison elle-même par ses propres manifestations, le philosophe de Kœnigsberg ne voit pas que l'idée du devoir et les notions idéales, auxquelles il se rattache, ne peuvent lui être fournies que par la raison qu'il a repoussée comme criterium de certitude, et qu'il tombe lui-même dans le vice de raisonnement contre lequel s'élève la première partie de son livre.

Première partie. — Nous n'avons rien qui puisse nous démontrer l'exactitude de notre raison, toutes les preuves étant émanées d'elle-même, cela revient à dire que la raison est son propre criterium, donc nous sommes dans l'impossibilité de prouver que la raison ne nous trompe pas.

Deuxième partie. — Mais nous avons en nous des notions idéales de devoir, de droit, de bien et de beau à l'aide desquelles nous pouvons reconstituer notre conscience et notre loi morale.

Est-ce que, répétons-le encore, ces notions idéales, en admettant qu'elles existent, ne sont point fournies à l'homme par la raison?... et dès lors pourquoi faire le procès de la raison quand on veut revenir à elle par des chemins détournés, par la poésie, l'idéal et la foi ?

Il manque toujours une chose à la logique allemande... le jugement! Avant de nous taxer d'exagération, qu'on relise le passage suivant de Strauss que nous avons déjà cité dans la préface de la *Genèse de l'Humanité* :

« La République est *rationnellement* supérieure à la monarchie, et c'est *précisément pour cela* qu'il faut préférer la monarchie. Sans doute, il y a dans la monarchie quelque chose *d'énigmatique et d'absurde même*, en apparence, c'est en cela que consiste *le secret de sa supériorité. Tout mystère paraît absurde,* et pourtant, *sans mystère,* rien de profond, ni la vie, ni l'art, ni l'État. »

Ce qui est mystérieux et absurde doit être préféré à ce qui est rationnel, parce qu'il n'y a rien de profond sans mystère.

Tout le génie allemand est incarné dans ces quelques lignes. Henri Héine, qui le connaissait bien, a dit qu'il pouvait également se renfermer dans ces deux mots :

« Mysticisme et brutalité! »

Le même Strauss, après avoir dans sa *Vie de Jésus* proclamé que les miracles étaient *contraires aux loi*[s] *de la nature*, écrit tout un volume pour rechercher si les miracles attribués à Jésus *sont possibles*.

Rien ne saurait mieux faire éclater la différence qui existe entre le génie allemand et le génie français.

Dans la patrie de Voltaire, quand on a déclaré une chose *rationnelle*, on n'ira point lui donner comme supérieure une chose *énigmatique et absurde*, et, de même, pas un homme sain d'esprit, ne consacrera un volume à examiner *la possibilité de faits*, qu'il aura tout d'abord reconnus *contraires aux lois de la nature*.

Nous pourrions multiplier les exemples, mais nous sortirions du cadre que nous impose cet ouvrage.

Le cerveau allemand, et cela résulte de toutes ses productions, ne paraît point frappé par la valeur intrinsèque d'un raisonnement; on lui a appris à raisonner suivant les vieilles formules de la scolastique, et il faut qu'il y soumette sa pensée, il fait de la gymnastique suivant des règles établies, et toute proposition *si absurde, si énigmatique* qu'elle soit, a don de le séduire, dès qu'il a pu la courber sous les règles du syllogisme.

La phrase de Strauss, citée [plus haut, quoique

n'affectant pas la forme d'école de ce raisonnement,
est un pur syllogisme germain.

Tout ce qui est profond doit paraître mystérieux
et absurde; or la monarchie paraît... etc.

Il est inutile d'insister.

Lorsque les Allemands quittent le terrain métaphysique ou idéal pour celui des sciences exactes,
ils y transportent leurs procédés de raisonnements,
de là vient qu'à côté de patientes et laborieuses recherches, de résultats acquis d'une incontestable
valeur, on rencontre des légèretés scientifiques qui
ne sont point données comme d'ingénieuses hypothèses, mais bien comme d'indiscutables vérités.
Ainsi, pour entrer dans le vif de notre sujet, ils en
sont en ce moment à propos des langues indo-européennes, malgré tous les faits ethnographiques qui
contredisent leurs théories, à repousser le sanscrit
comme type commun de ces langues, et tenter la reconstitution d'une langue inconnue, dont il ne reste
pas un monument, pas une inscription, dont rien,
ni dans l'histoire, ni dans la tradition ne vient affirmer l'existence, et qu'ils donnent comme ancêtre
au parler indo-européen.

Avant de combattre cette prétention, et de prouver
que le véritable type primitif et commun de toutes
les langues indo-européennes est bien le sanscrit,
il nous paraît naturel et juste de donner la parole

à nos adversaires et de leur laisser le soin d'exposer
leurs idées.

Un linguiste d'un incontestable mérite, M. Hovelacque, mais qui, suivant nous, a le tort d'admettre
beaucoup trop aveuglément les opinions de Schleicher, Curtius, Kuhn, Spiegel, etc., ayant résumé
le système de ses maîtres, va nous le faire connaître assez brièvement pour que nous puissions le
citer.

Esquissant un tableau général de cette prétendue
langue commune antérieure au sanscrit, qui aurait
donné naissance aux divers idiomes indo-européens,
il s'exprime ainsi :

« On connaît assez cette langue dans son ensemble
pour qu'il soit possible de représenter sa physionomie générale parfois même plus que cela. A la vérité, ce n'est qu'une *langue reconstituée*, une langue
dont il ne reste aucun monument écrit, mais la comparaison des différents idiomes auxquels elle a donné
naissance enseigne suffisamment ce qu'il y a d'organique et de primitif dans chacun d'eux, ce qu'ils
contiennent chacun du fond commun qui leur a
donné naissance, ce qu'il faut penser de leurs variations phonétiques et de leurs formations diverses.
C'est ainsi que le philologue peut restituer la forme
primitive d'un manuscrit perdu, dont il possède sim-

plement un certain nombre de copies fautives ou incomplètes [1].

« La langue commune indo-européenne possédait les trois voyelles *a*, *i*, *u*, et leurs langues *â*, *î*, *û*. Le sanscrit et certaines langues slaves, le croate, par exemple, ont une voyelle linguale, un *r* voyelle que l'on regarde ordinairement comme tout à fait secondaire. Certains auteurs, et nous sommes de ce nombre, ont pensé que la langue commune indo-européenne avait possédé, elle aussi, une voyelle *r*, mais ce fait, soumis à controverse, n'a point à nous occuper ici, et nous ne le mentionnons que pour mémoire.

« Un fait, important à noter, est celui de la variation de la voyelle radicale. Cette variation a lieu de deux façons. L'un de ces procédés est ce qu'on appelle la *gradation* de la voyelle ; il consiste en ce fait : qu'un *a* bref s'introduit devant la voyelle radicale : la voyelle radicale *i* devient donc *ai*, la voyelle *u* devient *au*, et la voyelle *a* devient *â*, lequel correspond à deux *a*. Ainsi la racine *i*, aller, donne au mode indicatif du temps présent la forme organique *aiti*, *il va*, d'où le sanscrit *éti*, le latin *it* pour *eit*, le lithuanien *eiti*. Cette première gradation de la voyelle radicale

----

1. Cette image n'est point juste, ce manuscrit n'est pas perdu puisqu'il en existe des copies quoique fautives, et il ne reste rien de la langue que les linguistes allemands prétendent reconstituer.

a-t-elle été la seule qu'ait connue la langue commune indo-européenne, n'en a-t-elle pas également connu une seconde consistant en une nouvelle insertion de la voyelle *a*, d'où *âi* pour *aai*, *âu* pour *aau*, c'est ce qu'il est difficile de décider.

« Il n'est pas moins difficile en tout cas de reconnaître en quelle façon cette modification de la voyelle radicale apporte un changement quelconque à la signification même du mot. Y a-t-il bien ici une véritable flexion, une flexion au sens vrai du mot, c'est-à-dire, comme nous l'avons vu plus haut, une modification interne de la racine ? Le fait est possible, mais ce rapport n'est pas encore démontré.

« Quant au second procédé de la variation des voyelles, il constitue à n'en pas douter une véritable flexion. Il consiste en ce fait : que la voyelle *a* des éléments pronominaux *ta*, *na*, etc., se changeant en *i*, *u*, ces éléments de dérivation deviennent actifs de passifs qu'ils étaient. Un exemple rendra la chose très-intelligible : soit la racine *ma*, *penser*, à laquelle on suffixe en tant qu'élément dérivatif le pronom démonstratif *ta*. Il en résulte la forme *mata*, *pensé, ce qui est pensé, chose pensée;* que la voyelle du pronom dérivatif devienne *i*, le sens du mot devient actif de passif qu'il était, et *mati* signifie l'acte de penser. C'est le sanscrit *mata* et *mati*. Il ne peut y avoir d'exemple plus frappant de la flexion, c'est-à-dire de cette faculté de changer le mode de relation d'une racine au moyen d'une variation interne de cette même racine.

« Le système des consonnes de l'indo-européen commun était des plus simples. Il se composait de trois explosives *k*, *t*, *p*, de leurs correspondantes faibles *g*, *d*, *b*, et des aspirées *gh*, *dh*, *bh*, en tout neuf explosives ; des deux nasales *n*, *m*, l'une dentale, l'autre labiale ; de la vibrante *r*; de la sifflante dentale *s* et d'un *v*, non point celle du *w* anglais. Prononcé de la sorte, c'eût été une demi-voyelle. L'idiome indo-européen possédait notre *y*, c'est là, on le voit, un système fort peu compliqué. Les différents idiomes indo-européens y ajoutèrent tous plus ou moins. Les langues de l'Inde, les langues éraniennes et les langues slaves virent naître chez elles les articulations dites *chuintantes*, nos *tch*, *dj*, et différentes espèces de sifflantes. Le grec changea les aspirées faibles *gh*, *dh*, *bh*, en aspirées fortes *kh*, *th*, *ph*. Les langues germaniques, les langues celtiques et le latin demeurèrent plus fidèles au système primitif des consonnes ; mais ces idiomes virent naître, eux aussi, des articulations nouvelles, *f*, par exemple. L'indo-européen commun ne connaissait point la vibrante *l*; elle se dégagea plus ou moins rapidement de l'ancienne vibrante *r* dans tous les rameaux de la famille.

« Nous insisterons peu sur le procédé de formation des mots. La dérivation indo-européenne est des plus simples : elle a lieu, en général, par la suffixation d'un élément d'une origine pronominale à un élément d'origine verbale, par exemple *mata-mati*, cités ci-dessus. Le tiret dont nous faisons suivre ce mot indique qu'il ne représente qu'une forme radicale ou, pour mieux dire, une forme thématique, en d'autres termes, qu'il n'est qu'un simple thème. Nous verrons tout à l'heure comment les suffixes casuels ou les suffixes personnels, s'adjoignent à la forme thématique, au thème, et en font un véritable mot, c'est-à-dire un nom dérivé ou un verbe conjugué. La dérivation est dite dérivation à base verbale lorsque l'élément dérivé, celui auquel s'accole l'élément dérivatif, est une racine verbale ; elle est dite, au contraire, dérivation à base pronominale lorsque l'élément dérivé est lui-même une racine pronominale. Pour être moins fréquent que le précédent, ce cas est loin d'être rare. Nous pouvons citer, par exemple, le thème *aika*, d'où le sanscrit *êka*, *un*, *un seul*, *seul et même*, et le latin *æquo*, au nominatif masculin *æquus*, *égal, uni* ; l'élément dérivatif est le pronom relatif *i* (latin *is*, *id*), devenu *ai* par gradation, par préfixation d'un *a* selon ce que nous avons dit ci-dessus. Ajoutons que la dérivation peut être faite encore au moyen d'un élément verbal, non plus d'un élément pronominal, mais ce cas est beaucoup plus rare et nous ne faisons que l'indiquer. En tout cas, remarquons bien que dans les langues indo-européennes la dérivation a toujours lieu *par suffixes*, jamais *par préfixes*. Ceci est caractéristique. »

— Bien que notre intention soit de ne répondre qu'après avoir laissé nos adversaires exposer complétement leurs doctrines, nous ne pouvons cependant laisser passer, sans protester, cette grosse erreur, que dans les langues indo-européennes, la dérivation a toujours lieu par suffixes et *jamais par préfixes*. Bien que les préfixes soient en petit nombre en sanscrit (vingt-quatre à vingt-cinq au plus) et plus rarement employés que les suffixes, ils concourent néanmoins à la formation des mots.

Ainsi, de la racine *kri* qui exprime l'action l'on obtient au moyen de suffixe : *kartum, faire ; — karitri, agent ; — karman, œuvre faite.* De la même racine *kri*, avec le préfixe *anu,* on obtient : *anu*kartum, *imiter ; — anu*kara, *imitation.*

« La dérivation des mots se fait au moyen des préfixes, des suffixes et des flexions. »

(E. BURNOUF, *Méthode de sanscrit.*)

Nous poursuivons notre citation :

« La déclinaison de l'indo-européen commun comportait les trois genres, masculin, féminin, neutre ; les trois nombres, singulier, pluriel, duel, et huit cas. En principe, c'est par la désinence indicatrice du cas que le genre lui-même est désigné. Ainsi, dans les thèmes finissant par un *a*, l'élément du cas nominatif au singulier est *s*, au neutre cet élément est *m*, le même que celui de l'accusatif. Exemple : *akvas, le cheval* (en sanscrit *acvas* et en latin *equus*), *yugam, le joug* (en sanscrit *yugam*, en latin *jugum*). Le signe du pluriel suit en principe celui du cas, mais ce signe n'est pas toujours le même et souvent il est fort difficile de découvrir sa forme primitive. En bien des cas, c'est simplement la consonne *s*, reste d'un élément qui se montrait jadis dans sa forme intégrale. Il ne faut pas l'oublier, ces suffixes indiquant le cas et ces autres suffixes indiquant le nombre ont été primitivement des formes indépendantes ; ce n'est que par la suite des temps que ces formes en sont arrivées à n'être plus que des éléments secondaires, des éléments destinés à indiquer les relations et les modes d'être d'une autre racine. On a souvent cherché à découvrir la forme primitive de ces éléments ; toutes les tentatives sont demeurées sans résultat certain. L'on a proposé des conjectures plus ou moins probables, mais en réalité la solution de ce difficile problème est encore à trouver. Au moins le but auquel il faut tendre est constant, bien établi et vraisemblablement on l'atteindra un jour ou l'autre.

« Les cas de l'Indo-Européen commun, nous l'avons dit, étaient au nombre de huit; deux cas directs : nominatif, accusatif; six cas indirects : locatif, datif, ablatif, génitif, un double instrumental. Voici quelle était au singulier la forme organique de ces suffixes. La désinence du nominatif était *s*. Certaines lois phonétiques ont fait parfois disparaître cette consonne dans les langues dérivées de la langue indo-européenne commune, mais on peut dire qu'en général elle a persisté. Accusatif : les thèmes finissant par une consonne prennent la désinence *am*, ceux qui finissent par une voyelle prennent la désinence *m*. C'est ce que nous voyons par exemple dans le latin *sororem*, dont le thème est *soror*, et *sitim*, dont le thème est *siti*. La désinence du locatif singulier est *i*; nous verrons que le grec a fait passer le locatif à la place du datif, et que le latin ne l'a pas entièrement rejeté. Le datif singulier a pour désinence *ai* que les langues de l'Inde et le zend ont seuls conservés rigoureusement. La désinence de l'ablatif est tantôt *at*, tantôt *t*, celle du génitif est ordinairement *as*, parfois *s*. Lorsque le thème se termine en *a*, cette désinence est *sya*. Le premier instrumental a pour terminaison *d*, le second *bhi*. Ces diverses désinences s'appliquent à tous les noms, qu'ils soient, selon leur sens, ou substantifs, ou adjectifs, ou participes. Cette triple division n'a rien à faire avec la forme même du mot qui seule nous occupe ici. Quant au vocatif, ce n'est point un cas ; en principe, il n'avait d'autre forme que la forme même du thème : *akva, ô cheval* ; *ovi, ô mouton ; agni, ô feu.* Ce n'est que par la suite que certaines langues, dérivées de l'indo-européen commun, l'ont assimilé parfois au nominatif, ou, pour parler plus exactement, ont parfois employé le nominatif en tant que vocatif.

« Le verbe indo-européen possède deux voix, l'une transitive, *j'entends, je frappe*, l'autre intransitive, *je m'entends, je me frappe*, mais toutes deux actives. C'est dans l'élément pronominal placé à la suite du thème verbal qu'il faut chercher l'expression même de cette différence de sens. Il y a en un mot deux sortes de suffixes personnels, transitifs et des suffixes intransitifs. C'est ainsi, par exemple, qu'à la troisième personne du singulier, le suffixe de la voix transitive est *ti* et que celui de la voix intransitive est *tai*; on reconnaît la forme grecque *tai*, appelée passive par les grammairiens, qui, en effet, a ce sens dans la langue grecque, mais dont le premier sens était simplement intransitif, réflectif. Il n'y a point de doute que les suffixes personnels de la voix intransitive ne procèdent des suffixes de la voix transitive ; celui de la première personne veut évidemment dire *je me*, celui de la deuxième *tu te*, celui de la troisième *il se* (en latin *ego me, tu te, ille se*); la démonstration de ce fait n'est peut-être pas rigoureusement établie, mais il semble difficile qu'elle ne le soit pas un jour ou l'autre...

« L'indo-européen commun possédait six temps ; quatre de ces temps étaient simples, les deux autres étaient composés. Le présent a pour forme la plus simple la racine telle quelle, suivie du suffixe personnel. Parfois la voyelle de la racine a subi cette augmentation dont nous parlions ci-dessus; par exemple, la racine *i, aller*, devient *ai-aiti*, il va (sanscrit *eti*, lithuanien *eiti*). Parfois la racine verbale est dérivée ; il s'agit de conjuguer une forme complexe, par exemple, le thème *bhara* dont l'élément *bhar* est radical et dont l'élément *a* n'est qu'un élément dérivatif. De là le présent *bharati, il porte*. Quoi qu'il en soit, le présent est toujours un temps simple, qu'il s'agisse de conjuguer la racine elle-même ou un dérivé de la racine.

« L'imparfait est formé du thème du présent, soit simple, soit dérivé, auquel se préfixe l'augment *a*; de plus, les désinences personnelles sont écourtées, *ti* de la troisième personne devint *t*, *mi* de la première devient *m*. Ainsi le présent *bharati, il porte*, a pour imparfait *abharat, il portait.* L'aoriste simple est caractérisé comme l'imparfait par l'emploi de l'augment et des suffixes personnels écourtés ; il s'en distingue simplement par ce fait qu'il ne tient pas compte de la forme du présent. En grec, par exemple, la racine *the, poser,* se redouble au présent et donne *tithete, vous posez ;* l'imparfait préfixe l'augment a cette forme redoublée et fait *etithete, vous posiez.* L'aoriste simple ne tient pas compte du redoublement et fait *ethete.* Le parfait a pour caractéristique le redoublement de la racine. A ces quatre temps simples s'ajoutent, avons-nous dit, deux temps composés. Le *futur* est l'un de ces deux temps. Il est composé de la racine verbale et d'un élément *asya, sya* dont le sens premier semble avoir été celui de *tendre à être,* de là, par exemple, le sanscrit *dâsyati, il donnera.* L'aoriste composé que le sanscrit, le zend, les langues slaves et le grec ont conservé — ce dernier sous le nom d'aoriste premier, — a pour caractéristique l'élément *sa.*

« Ces six temps sont complétés dans l'indo-européen par trois modes : l'indicatif, le conjonctif et l'optatif. L'indicatif n'a aucune caractéristique ; au mode indicatif, la forme du temps reste telle quelle. Il en est différemment des deux autres modes. Le conjonctif a pour caractéristique un a placé entre le thème et le suffixe personnel ; l'indicatif du temps

présent étant *asti, il est,* le conjonctif du même temps
sera *asati.* On donne parfois à l'optatif le nom de
potentiel. Ce mode est formé par l'intercalation d'un
élément *ya ya*^{a}, entre le thème verbal et le suffixe
personnel écourté : *asya*^{a}*t, puisse-t-il être.*

« Le tableau que nous venons de donner des différentes formes organiques du système indo-européen primitif est sans doute bien peu développé.
Il peut suffire cependant, nous semble-t-il, à faire
saisir l'esprit général de ce système. »

Voilà, exposées dans leur entier, les théories à l'aide
desquelles des linguistes franco-allemands de l'école
de Schleicher, prétendent avoir reconstitué une langue qui serait l'ancêtre du sanscrit et de toutes les
langues indo-européennes, dont il ne reste, suivant
leur propre expression, *aucun monument écrit,* et ajou-
terons-nous pour notre part, dont on ne trouverait
aucune trace dans les antiques annales de l'Indoustan.

Nous allons démontrer que cette langue est née
d'une pure hypothèse et qu'elle n'a été imaginée
que pour donner plus de poids aux conceptions
germaniques, qui attribuent la colonisation et la
civilisation de l'Inde à un peuple fabuleux, qu'elles
placent sur les rives de l'Oxus, l'Amoun-Daria actuel.

Langue et peuple n'ont pour eux ni la tradition ni l'histoire, ni la légende ni l'écrit, et quand on demande à leurs auteurs d'appuyer leurs prétentions de la moindre preuve, ils ne nous répondent que par le silence, le dédain ou l'injure, trois formes de raisonnements qu'adoptent assez facilement les Allemands modernes, depuis qu'ils se sont décerné le le titre d'*éclaireurs de l'esprit humain*.

Un des leurs, en effet, disait, il n'y a pas deux ans, en pleine université d'Heidelberg.

« La recherche de la vérité dans la philosophie, comme l'imagination dans la poésie, doit être indépendante de toute entrave. Les Allemands sont *les éclaireurs de l'esprit humain :* ils essayent des routes nouvelles, ils tentent des moyens inconnus, comment ne serait-on pas curieux de savoir ce qu'ils disent au retour de leurs excursions dans l'infini[1] ? »

Avions-nous raison de dire, au début de ce chapitre, que les Allemands transportaient dans la science leurs formes mystiques et nuageuses de raisonnement, les voilà maintenant qui s'en vont à la recherche de la vérité, avec l'imagination, et les promenades dans l'infini...

1. Max Stirner.

Depuis quelques années surtout nos voisins dédaignent cette science générale toute de raison et de sagesse, qui devenait le patrimoine de tous les peuples, pour faire de la science germanique, de la science de race.

Le professeur Alexandre Ecker et vingt autres leur ont dit, depuis leurs succès éphémères de 1870, que le canon Krupp les avait placés à la tête du monde intellectuel, qu'ils avaient repris leur place dans la civilisation; ils en sont arrivés à soutenir que, descendants des Aryas de l'Oxus qui, d'après eux, ont civilisé l'antiquité, ils étaient restés, au point de vue philosophique et scientifique, supérieurs aux autres peuples, que cette supériorité leur donnait un droit de domination sur le monde, et qu'ils étaient, modernes Indous des bords de la Sprée, appelés à jouer dans le présent le rôle de conquête et d'influence qu'avaient joué autrefois leurs ancêtres les vieux Germains des bords du Gange.

En reconstituant cette langue inconnue, ils prétendent donc avoir retrouvé la vieille langue de l'Oxus, d'où seraient sortis le sanscrit et toutes les langues indo-européennes, on dit, de l'autre côté du Rhin, les langues indo-germaniques.

L'auteur que nous venons de citer regrette que le tableau qu'il vient de donner des formes organiques de l'indo-européen primitif ne soit pas plus développé.

Rendons-lui la justice de reconnaître qu'il a exposé de la question tout ce qu'il était possible d'en dire, et que, pour les avoir exposés brièvement, il n'a oublié aucun des faits, à l'aide desquels son école soutient son système, il n'a même pas négligé les simples suppositions, que lui-même reconnaît comme telles, espérant qu'elles deviendront réalité un jour.

Voyons donc à quoi se résument ces propositions, qui tendent à l'exhumation des formes d'une langue, qui, en admettant qu'elle ait existé, n'a laissé, de l'avis même de ses créateurs, aucun souvenir, aucune trace appréciable, voyons en quoi cette langue peut différer du sanscrit que nous proclamons, avec tous les *pundits* et linguistes indous, le véritable ancêtre de toutes les langues indo-européenne.

1° Le prétendu indo-européen commun possédait les trois voyelles *a*, *i*, *u*, et leurs langues *â*, *î*, *û*, et peut-être une *r* voyelle, appelée voyelle linguale.

Ceci est presque une naïveté scientifique, car enfin presque toutes les langues possèdent ces formes phoniques *a*, *i*, *u*, brèves et longues, qui représentent des sons naturels essentiellement constitutifs de toute formation de mots. Mais enfin, puisque nous comparons, nous devons dire que le sanscrit possède ces voyelles, aussi bien que l'idiome d'invention ger manique, et quant à la linguale *r*, aucun doute ne saurait exister à son égard.

2° Le fait de la variation de la voyelle radicale, par la préfixation d'un *a* qui fait que la radicale *i* devient *ai*, la radicale *u* devient *au*, la radicale *a* devient *aa* et *â* long, n'a pas la moindre importance caractéristique, et ne peut faire conclure à l'existence d'une langue de génie indo-européen, antérieure au sanscrit. Notre auteur ajoute comme exemple : Ainsi la racine *i*, *aller*, donne au mode indicatif du temps présent la forme organique *aiti*, *il va*.

Il n'y a autre chose dans ce fait linguistique que l'extraction d'une racine sanscrite, en la dégageant de ses préfixes et flexions.

<pre>
Racine............ I...)
Préfixe .... A .. } AITI.
Flexion .... TI..)
</pre>

C'est purement et simplement un phénomène de *flexion*, un exemple de la route suivie par les langues pour passer de l'*agglutination* à la *flexion*.

Mais, nous dira-t-on, la forme actuelle du sancrit n'est pas *aiti* mais, *éti* ; oui, dans le sanscrit classique, mais le sanscrit védique possède parfaitement la forme organique *aiti*. Il n'y a là qu'une règle d'euphonie que nous aurons bientôt l'occasion de rencontrer : *é* pour *ai*, et on ne saurait constituer les formes organiques d'une langue perdue avec des flexions de radicaux, que toutes les langues ont connues.

Voyez le latin, langue essentiellement indo-européenne; en conservant dans la forme *it*, *il va*, la radicale *i*, il ne l'a pas soumise à la variation attribuée au prétendu indo-européen commun, puisqu'il ne dit pas *ait*, mais *it*. Il est très-possible que le latin primitif, dont il ne nous reste aucun monument sérieux, ait connu cette variation qui s'exerce par l'introduction de l'*a* bref devant la voyelle radicale, et ait dit *ait*, quitte à faire plus tard *it* de *ait* comme le sanscrit classique a fait *éti* de *aiti*.

3° Le second procédé de variation des voyelles consiste en ce fait, que la voyelle *a* des éléments pronominaux *ta*, *na*, etc... se changeant en *i*, *u*, ces éléments de dérivation deviennent actifs, de passifs qu'ils étaient.

Soit la racine *ma, penser*; avec le suffixe *ta*, nous avons *mata, pensé, chose pensée*. Que la voyelle *a* se change en *i* et nous avons la forme active *mati*, *l'acte de penser*.

Mais ceci n'est absolument que de la philologie sanscrite, un simple exemple du rôle des suffixes, constaté depuis des siècles par les grammairiens indous, et nous ne voyons pas encore apparaître ces formes caractéristiques qui doivent indiquer l'existence d'une langue plus ancienne que celle des Védas.

Nous ne nions point, il est bon de nous expliquer sur ce fait, qu'il ait pu exister une langue indoue antérieure au sanscrit et dont ce dernier ne serait qu'un dérivé. Nous n'avons pas la prétention de soutenir que le sanscrit soit la première forme de langage créé par les antiques populations de l'Asie, mais, en présence de ces faits indiscutables :

1º Qu'il ne reste aucune trace de cette langue primitive,

2º Qu'on ne peut la rétablir que par hypothèse, et en prenant dans toutes les langues indo-européennes les formes générales qui leur sont communes, pour les attribuer à cette langue,

3º Que le sanscrit, étudié dans ses diverses évolutions linguistiques et dans toutes ses variations du monosyllabique à l'agglutination, et de l'agglutination à la flexion, suffit à lui seul, pour expliquer ces formes générales communes à toutes les langues indo-européennes,

nous disons : la langue commune indo-européenne est le sanscrit, et pour détruire ce fait qui a pour lui la possession d'état, la tradition linguistique, l'histoire, les grammairiens indous et enfin l'existence de la langue et de la plus riche littérature qui soit au monde, il faut plus que des hypothèses, il faut des preuves directes et scientifiques.

Et ces preuves on ne peut pas nous les administrer.

Mais, nous dira-t-on, il y a des formes, des éléments, des modes de dérivation, des lettres communes à toutes les langues indo-européennes, et qui n'appartiennent en propre à aucune d'elles, ce sont comme les rameaux généalogiques d'un arbre, dont la souche mère serait perdue, quoi de plus logique, quoi de plus naturel, que de rattacher toutes ces formes à une langue mère qui a disparu après avoir produit une nombreuse postérité?

A cela nous répondrons d'abord qu'une langue mère, assez féconde pour avoir produit le sanscrit, le pracrit et une cinquantaine d'autres idiomes indous, et les nombreux groupes des langues *iraniennes*, *grecques*, *italiques*, *latines*, *celtiques*, *germaniques*, *slaves* et *scandinaves*, n'a pas pu disparaître comme cela de la scène du monde, sans laisser la moindre trace ; puis nous ajouterons que la plupart de ces formes organiques, éléments et modes de dérivation pouvant se ramener au *sanscrit*, il est inutile d'imaginer une langue dont rien absolument ne vient démontrer l'existence.

Le sanscrit ne s'est point formé tout d'une pièce,

il a traversé toutes les phases de l'enfance à l'âge
mur, avant d'arriver à la virilité classique, avant de
se fixer dans sa forme actuelle ; c'est pour cela que
la linguistique, si elle veut bien compter avec l'histoire, ne s'étonnera pas de voir que toutes les langues indo-européennes, quoique nées de la vieille
langue brahmanique, comparées au sanscrit actuel,
ne s'en rapprochent pas toutes au même degré, bien
que leur parenté soit indiscutable.

La langue indo-européenne est venue sur notre
sol par voie d'émigration, et cette foule d'émigrés
qui ont successivement inondé le monde occidental,
partis des rives du Gange, de l'Indus et des plaines
de l'Himalaya ont emporté le langage de leurs ancêtres dans l'état où il se trouvait au moment de
leur départ. Il suit de là que le départ de chaque groupe d'émigrants correspond à des époques
historiques, et à des périodes linguistiques diverses.

Les émigrants de la période monosyllabique,

Ceux de la période agglutinante,

Ceux enfin qui ont quitté *la terre du lotus*, au moment où la langue était arrivée à la flexion,

Se sont établis sur des sols différents; des besoins,
des intérêts nouveaux naquirent ; loin du foyer
commun, la langue de chaque groupe a continué son
évolution, et sans perdre son cachet d'origine, est

devenue celtique, italique, germanique, grecque, latine, slave et scandinave.

Pourquoi donc attribuer cette descendance à une langue imaginaire, quand il est si facile et si simple de la rattacher au sanscrit, d'où l'on peut parfaitement tirer toutes les formes de l'indo-européen commun ?

C'est sans doute parce que, sur ce terrain, nous sommes en présence d'une *réalité*, qui ne favorise ni l'esprit de système, ni l'imagination.

Le sanscrit, ancêtre des langues indo-européennes, c'est la ruine des théories allemandes sur les Aryas des bords de l'Oxus, colonisateurs du monde ancien, car on ne trouve pas dans la langue des Védas, une seule expression historique ou géographique, qui puisse s'appliquer à une autre contrée que l'Inde. Ce sont les Indous véritablement autochthones et fils de leur sol, c'est la civilisation de l'antiquité, partie des rives du Gange, c'est l'homme brun et sanguin de l'Himalaya, vainqueur de l'homme pâle et lymphatique du Nord. C'est le soleil chassant les brouillards, c'est la lumière intellectuelle comme la lumière naturelle, partant du Sud pour aller éclairer l'Occident...

Et voilà ce que les Allemands ne veulent pas !...

Ils ont inventé les Aryas de l'Oxus, sans s'inquiéter de savoir si ce pays désolé, où on ne trouverait pas

la moindre ruine, le plus petit vestige de civilisation
a pu produire la plus étonnante civilisation des
temps anciens, dans le seul but de rattacher leur
race à la race qui a illuminé l'antiquité... Ils ont
inventé l'indo-européen commun, qu'ils appellent
l'indo-germanique, pour en faire la langue de ces
peuples, ne pouvant leur attribuer le sanscrit, qui
à tous les points de vue historiques, géographiques
et ethnographiques, est né entre l'Indus, le Gange,
le Brahmapoutre et l'Himalaya.

Ici, l'escamotage scientifique était impossible : les
plus vieux ouvrages du sanscrit védique, jusqu'à
ceux du sanscrit classique, témoignent à chaque
pas du mépris, de l'horreur même, que les Indous
ont professé dès la plus haute antiquité pour les
homme *à barbe rouge*. Manou, dans plusieurs slocas,
indique les plaines du Gange comme étant le berceau de la race brahmanique. Pour tourner la difficulté, les Allemands ont attribué la civilisation de
l'Inde à un peuple inconnu, parti du Nord : « Les
vieux Allemands des bords de l'Oxus, » et ne pouvant revendiquer le sanscrit, ils ont inventé une
langue inconnue venue du Nord également, et qui
aurait donné naissance à toutes les langues indo-
germaniques.

Tout le système peut se résumer en deux mots :
Les Aryas sont les ancêtres directs des Germains.

La langue disparue est l'ancêtre directe de l'Allemand.

Et, comme conclusion, les Germains ont civilisé le monde ; depuis les âges anté-historiques, ils sont les éclaireurs de l'esprit humain.

La langue allemande émanée directement de la vieille langue de l'Oxus est sœur aînée du sanscrit et non son dérivé.

Et voilà comment on fait de la science de race.

Cette première invention oblige à une autre. Les peuples primitifs de la Chaldéo-Babylonie ont apporté sur le sol de la Chaldée des traditions religieuses qui paraissent calquées sur celles des Indous ; ils parlaient des idiomes restés à la période d'agglutination, comme celle des Indous du Deccan. Reconnaître que ces populations pouvaient venir de l'Indoustan, eût été battre en brèche tout le système ; les Allemands ont alors inventé un second peuple du nom de Touranien, auquel ils ont fait une petite place à l'est de la Caspienne, non loin du berceau qu'ils ont fabriqué pour les Aryas, et alors, armés de toutes pièces, les Allemands peuvent répondre :

— Vous dites que la civilisation chaldéo-babylonienne soutient des rapports intimes avec celle de l'Inde, que les vieilles traditions cosmiques et religieuses des deux contrées sont les mêmes, cela n'a rien d'étonnant. L'Inde et la Chaldée ayant été conquises et colonisées par deux peuples voisins venus du Nord, les Aryas d'un côté, et les Touraniens de l'autre.

La véritable science ne prononce plus qu'avec un sourire le nom des Touraniens-Chaldéens [1].

Espérons que demain elle traitera de même celui des Aryas-Germains.

Nous revenons à l'examen des opinions de nos adversaires qui maintenant ne sauraient nous occuper longtemps.

4° Le système des consonnes du prétendu indo-européen n'a rien qui le différencie du système sanscrit, à cela près que ce dernier est plus riche.

5° Nulle différence encore entre le type indo-européen et le sanscrit pour la formation des mots, qui suit les procédés les plus simples.

6° Quant aux déclinaisons et aux conjugaisons, nous ne pouvons mieux faire que de citer notre auteur lui-même, qui dans son livre sur la linguistique (p. 211), s'exprime en ces termes :

« On peut dire que la déclinaison sanscrite est

---

1. Il est juste de dire que Schleicher, à propos des Touraniens, a refusé d'accepter l'invention de ses compatriotes.

à peu de chose près celle de l'indo-européen. »

Et quelques lignes plus bas, après une objection,
qu'il renverse :

« Mais en définitive, ce n'est là qu'une exception
et l'on peut dire d'une façon générale que la déclinaison sanscrite reflète assez fidèlement celle de
l'*idiome commun* dont elle procède.

(L'objection soulevée venait de ce qu'on ne rencontre pas en sanscrit les vieilles formes latines
senatud, navaled. M. Hovelacque pense sans doute que
ces vieilles formes viennent de l'indo-européen
commun.)

« Le sanscrit possède les six temps de l'indo-européen commun : *présent, imparfait, aoriste simple,
parfait futur, aoriste composé*, et il s'est créé de plus un
nouveau temps au conditionnel... »

Voilà, dégagés de tous les raisonnements accessoi-
res, les seuls motifs sur lesquels se basent les linguistes de l'école allemande pour reconstituer une
langue qu'ils reconnaissent eux-mêmes n'avoir pas
laissé le moindre vestige, n'avoir pas laissé *même
son nom !...*

Les explications que nous négligeons sur les temps
des verbes et les cas des déclinaisons, que nos ad-

versaires reconnaissent être les mêmes en sanscrit et dans le type-langue qu'ils inventent, ne sont que de la pure philologie sanscrite.

Le procédé employé par nos adversaires est des plus simples, nous le signalons en terminant cet examen.

Il consiste à prendre :

Toutes les formes linguistiques communes à toutes les langues indo-européennes, et à dire, d'accord du reste avec la vérité scientifique : toutes ces langues ont une origine commune.

A relever ensuite :

Toutes les formes linguistiques que chaque langue indo-européenne a modifiées dans un sens spécial, formes particulières au génie de chaque idiome, et qu'on ne rencontre pas dans les autres langues sœurs, et à dire : puisque ces langues ont une origine commune, ces formes spéciales dont toutes les langues possèdent quelques-unes, sans qu'un seul idiome les réunisse toutes, pour en revendiquer la paternité, pas plus le sanscrit que les autres, doivent nécessairement être attribuées à une vieille langue disparue.

Il n'y a qu'une chose à répondre à ce système, c'est qu'il remplace le fait par l'hypothèse, c'est qu'il fait de la linguistique d'imagination, et, comme nous venons de le dire, de la science de race.

L'émigration, l'éloignement du foyer commun, des besoins nouveaux, des climats différents, en modifiant le caractère, le tempérament, les habitudes des émigrés, ont également exercé leur influence sur le langage, modifié la dérivation des radicaux, simplifié ou appauvri le parler, ou conquis des éléments nouveaux. Et encore, sur ce point, devons-nous dire que les éléments organiques par lesquels les langues indo-européennes paraissent se différencier entre elles, peuvent presque tous philologiquement se rattacher au sanscrit.

Quant aux formes qui leur sont communes à toutes, nous ne faisons qu'énoncer une vérité vulgaire, en affirmant qu'elles dérivent de la langue sacrée des Indous.

Nous allons voir, en examinant le mécanisme du sanscrit, qu'il n'est nul besoin d'aller chercher ailleurs l'ancêtre des langues iraniennes et de tous les parlers indo-européens. Cette étude nous permettra d'affirmer cette vérité linguistique avec des arguments plus concluants encore.

CHAPITRE II

LE SANSCR.T LANGUE MÈRE DES LANGUES INDO-EUROPÉENNES. MÉCANISME DE CETTE LANGUE.

Il n'existe pas, croyons-nous, en dehors des ouvrages spéciaux de grammaire, d'exposé simple et logique du mécanisme de la langue sanscrite.

C'est par cette langue merveilleuse que parlaient nos ancêtres que nous sont parvenues nos traditions, que se sont formés nos idiomes. Qui donc songeait, il y a moins d'un siècle, qu'il faudrait aller chercher sur les rives du Gange, les traces de nos ancêtres ? Qui donc croyait que l'Inde avait été le grand foyer de la civilisation antique ?

Que de richesses ne nous reste-t-il pas à exhumer ?

Et encore aujourd'hui, nombre d'esprits, scepti-
ques ou superficiels, nourris de la Grèce dans nos
écoles spéciales, reviennent d'Athènes en soutenant
cet anachronisme, que la civilisation indoue n'est
qu'un reflet de la civilisation hellénique.

Pour un peu on leur ferait soutenir que le sanscrit est né du grec.

Que d'injures n'avons-nous pas reçues, pour avoir
osé soutenir depuis dix ans, que l'école d'Athènes
avait fait son temps, et qu'il fallait la remplacer par
une école indoue à Pondichéry!

En face des attaques passionnées, que nous avons
eues à supporter de la part des partisans des vieux
systèmes, pour avoir proclamé que la lumière nous
venait de l'Inde, c'est une bonne fortune pour nous
de pouvoir présenter à nos lecteurs, l'opinion de
deux des orientalistes les plus distingués de ce
temps-ci[1]; opinion qui, nous ne craignons pas de le
dire, résume la doctrine que nous avons suivie dans
tous nos travaux.

« C'est incontestablement à l'Orient qu'appartient l'honneur d'avoir commencé l'œuvre du per-
fectionnement humain. Tout s'y trouve, depuis les
premières formules religieuses jusqu'aux premières
évolutions des sciences, des lettres et des arts...

[1]. Max Grazia et Jules David.

« L'Orient enfante la civilisation que les Phéniciens apportent en Grèce et les Grecs à Rome. Au moment où la Grèce perdait, sous Alexandre, sa force productive avec sa liberté, Rome, exclusivement politique et conquérante, n'avait aucune des aptitudes nécessaires à conserver et à développer les traditions orientales. Il fallait qu'un autre foyer vînt luire quelque part. Alors, sur une langue de terre presque inhabitée, entre la Méditerranée et le lac Maréotis, fut bâtie Alexandrie, au moment où son fondateur, par ses conquêtes en Asie, lui ouvrait des contrées mystérieuses et immenses, dont elle était destinée à conserver les traditions intellectuelles, par une double fusion d'idées, entre l'Orient et la Grèce d'abord, entre le monde ancien et le monde nouveau.

« Il y a cent ans... l'extrême Orient nous était presqu'inconnu. L'Inde, particulièrement, n'était pour nous que l'empire du mystère, du fantastique, de l'impossible. Nous n'en savions quelque chose que par les Grecs, les Arabes, les Persans, conquérants ou voisins intéressés à ne représenter leurs rivaux que sous les couleurs qui leur convenaient. Voltaire avait pris la compilation propagandiste d'un missionnaire catholique, pour un extrait réel des livres sacrés des Brahmes. On n'entrevoyait l'Inde qu'à travers les songes des docteurs musulmans; on ne connaissait *ni ses origines qui sont les nôtres*, ni ses théogonies parmi lesquelles tous les peuples antiques ont cherché des idées et puisé des croyances. *Le sanscrit, clef de tant de mystères*, est une découverte moderne.

« Ce n'est pas qu'on ait eu primitivement, le soupçon d'une langue et d'une littérature religieuse et philosophique, dont les prêtres seuls se réservaient la connaissance ; mais sans grammaire et sans lexique de cette langue, on ne pouvait que conjecturer ses richesses. Tout était ténèbres alors, dans ce monde voilé, sinon éteint, dans ce passé dérobé aux yeux profanes par l'inquiétude jalouse des Brahmes.

« Le soupçon qu'on en avait, tenait plutôt du rêve que de la réalité, et comme tout mystère il avait sa légende. On prétendait que saint François-Xavier possédant miraculeusament le don des langues, avait appris d'un ange le sanscrit [1], pour réfuter les doctrines brahmaniques, mais sans pouvoir en transmettre la connaissance. On disait qu'un jésuite, Robert Nobili [2], s'était fait brahme pour connaître les arcanes religieux de l'Inde ; mais que découvert et dévoilé, il avait subi des persécutions ingénieuse-

---

1. Cette ridicule légende se trouve débitée tout au long et sérieusement dans les premières Annales de la propagation de la foi.
2. Même source.

ment féroces, et qu'on lui avait arraché les yeux
pour qu'il ne pût avancer davantage dans une
étude essentiellement secrète. D'autres missionnaires, sans approfondir cette langue mystérieuse,
en constatèrent l'importance; le père Pons, par
exemple, fit au père Dubalde un rapport assez
exact des richesses sanscrites et des traditions védiques[1]; et Anquetil Duperron, en traduisant du
persan les *Oupanichads*, ne nous fit connaître que les
commentaires et non le texte des *Védas*. On savait
depuis longtemps que les Arabes de Bagdad et les
sultans Gaznévides avaient fait traduire des poëmes
et des théologies indiennes; mais, se méfiant avec
raison du choix et du jugement mahométans, on
s'en rapportait peu à ces traductions expurgées par
le fanatisme.

« Tout restait donc à faire lorsque la conquête des
Indes, par une nation policée et curieuse, éveilla
l'intérêt des savants, et suscita leurs investigations.
Les Anglais plus persévérants que nous, et plus à
même d'ailleurs par leur établissement définitif sur
les bords du Gange, de s'informer des mœurs et de
l'esprit de leurs tributaires, s'enquirent des langues
qu'on parlait autour d'eux, le pâli ancien idiome, le

1. Ce rapport fut tenu secret, comme tout ce qui touchait à l'Inde, les
missionnaires ne se sont vantés de connaître la littérature de ce pays que
quand la science eut forcé la porte.

pracrit dialecte vulgaire, le sanscrit, langue hiéra-
tique et littéraire. Ils étudièrent surtout ce dernier,
ils se firent initier à ses œuvres innombrables en littérature et en théologie; demandèrent à plusieurs
brahmes un abrégé de leur code religieux et civil,
se procurèrent des manuscrits, entreprirent des dic-
tionnaires, réunirent des savants laïques et religieux
et fondèrent avec eux la Société asiatique de Cal-
cutta.

« William Jones avait donné l'impulsion. Colbrook la suivit et la dépassa. Grâce à sa liaison avec
un de ces brahmes, curieux et intelligent, qui vou-
lait à la fois s'instruire dans l'histoire de nos idées,
et dévoiler les sources des siennes, Colbrook put pé-
nétrer la philosophie et la religion de ce grand peuple. C'est donc à Colbrook et à son digne imitateur,
Ram-mohun-roé, que nous devons le premier ouvrage sérieux sur les philosophies théocratiques de
l'Inde. Une fois cette grande phase de l'humanité
dévoilée, l'érudition et la science se précipitèrent à
sa conquête. Les manuscrits védiques abondèrent
en Europe. Rosen rectifia les textes; Langlois, Wilson les traduisirent; Lassen, Weber les classèrent;
Eugène Burnouf élucida les travaux antérieurs;
d'autres, de plus en plus nombreux les suivirent, et
un monde fut découvert, non moins nouveau que
l'Amérique de Christophe Colomb.

« Maîtres désormais de textes véritables, en possession de lexiques, de grammaires, de commentaires et de gloses qui pouvaient guider et assurer leur marche, une foule d'hommes studieux se plongèrent à l'envi sur cet océan de définitions, de dissertations, de scholies, de poëmes, amplifications d'où émergèrent bientôt, grâce à leurs persévérants efforts, une société tout entière, et divers cultes successifs. Que découvrîmes-nous tour à tour? Des traditions sacrées, formulées sous les rhythmes de l'hymne, reproduites oralement pendant des temps indéterminés, puis transcrits sur des feuilles de palmier plus de douze siècles avant notre ère.

« Puis une religion officielle, le brahmanisme, des lois religieuses, *le Code de Manou*, des épopées sacrées, le *Ramayana*, le *Mahâbhârata*; plusieurs systèmes philosophiques, le *Sankya*, le *Nyaya*, le *Védanta*; des schismes nombreux, des invidualités athéistes; des légendes théocratiques, les *Pouranas*; des traditions historiques, les *Itihasas*; des commentaires pratiques, les *Brahmanas*; des recensions sacerdotales, les *Samhitas*; des résumés liturgiques les *Soutras*; des leçons religieuses, les *Oupanichads*; une encyclopédie officielle, les *Sastras*, et, enfin une réforme d'abord victorieuse et ensuite vaincue, le bouddhisme, inextricable confusion de vérités ou d'erreurs, d'utopies et de systèmes, de réalités et de rêves, sans date, sans chronologie, sans fil conducteur.

« Ce n'est que plus tard, et au fur et à mesure du classement des formes différentes de la pensée humaine, qu'on pourra passer en revue tous les produits de l'inspiration indoue. »

Nous devons ajouter que la moisson qui reste à faire dépassera toutes les espérances, car on n'a encore interrogé que le nord de l'Inde, pays constamment envahi par les Arabes et les Mongols qui se sont appliqués à détruire les Livres sacrés, les croyances, les monuments, tandis que le sud a échappé constamment aux effets directs de l'invasion et a conservé dans toute leur pureté les traditions des premiers âges. Et c'est précisément dans ces traditions du sud, que nous nous sommes appliqué jusqu'à ce jour, à étudier les produits de l'inspiration indoue...

Après avoir repoussé l'hypothèse d'une langue indo-européenne commune, plus ancienne que le sanscrit, il nous paraît utile, avant de nous occuper des différents idiomes dérivés de la langue des Védas, d'étudier d'abord le mécanisme de ce merveilleux instrument de la pensée, d'où sont sortis tous les autres, et de montrer qu'à lui seul il contient toutes les formes linguistiques qui ont donné naissance aux divers langages indo-européens.

MÉCANISME DU SANSCRIT.

Le sanscrit possède 14 voyelles, 34 consonnes et 4 signes simples.

Il est bien difficile de rendre avec nos lettres exactement le son que les Indous attachent aux leurs. Malgré les efforts de tous les grammairiens, on n'est parvenu qu'à une gamme très-imparfaite, pour quiconque a reçu la prononciation sanscrite de la bouche même des brahmes. Nous avons donné dans « *les Fils de Dieu* » un tableau des lettres et de la prononciation, que nous ne renouvellerons pas ici, notre but n'étant pas de faire une grammaire, mais un exposé des principes généraux de la langue, suffisant pour prouver que ces derniers ont passé tout entiers dans la grammaire générale des langues indo-européennes.

Les lettres se divisent en brèves, longues, composées, diphthongues ou doubles voyelles et semi-voyelles.

D'après la nature des inflexions de la voix qui les produisent, elles sont gutturales, palatales, dentales, labiales, cérébrales, sifflantes et aspirées. ·

Les règles d'euphonie sont innombrables en sanscrit. Pour n'en citer que quelques-unes à titre d'exemple : lorsqu'un mot est terminé par a, à, et qu'il se rencontre avec un autre mot commençant par a ou à, la lettre du mot rencontré s'élide non-seulement dans la prononciation, mais même dans l'écriture, ainsi les deux mots suivants *Rama* et *Anoud-jaa* s'écrivent *Ramanoudjaa*.

L'élision se fait également lorsque la voyelle finale est brève, et l'initiale longue. La longue l'emporte, ainsi *souroupa* et *ânandaa* s'écrivent *souroupânandaa*.

Quand la finale est *a* et l'initiale *i*, les deux lettres se changent en *e* ; ainsi *Deva* et *Indra* s'écrivent *Devendra*.

Si la finale est *a* et l'initiale *ou*, les deux lettres deviennent *o*, ainsi *ganda* et *oudakam*, s'écrivent *gandodakam*.

La finale *a* et l'initiale *re* (*re* est voyelle en sanscrit) se changent en *r* muet. *Christna* et *reddii* s'écrivent *christnarddii*.

La finale *a* et l'initiale *le* (*le* est voyelle en sanscrit, ou du moins le son de cette voyelle sanscrite comme celui de *re* ne peuvent être rendus par nos lettres sans le secours de la consonne *l*), se changent en *l* muet. *Tava* et *lekaraa*, s'écrivent *Tavalkaraa*.

La finale *a* et l'initiale *e* se changent en *aï*. *Tava* et *escha* s'écrivent *Tavaïscha*.

Nous nous bornons à ces règles de la finale *a*, se rencontrant avec d'autres voyelles. Les treize autres voyelles ont chacune leurs règles particulières d'élision et de changement.

Puis chaque voyelle en face des consonnes, et les consonnes entre elles sont également soumises à de nombreuses règles d'euphonie.

Ce n'est pas tout : les exceptions presque aussi nombreuses que les règles, viennent encore compliquer ce système, et si l'on ajoute à cela que les mots sanscrits s'écrivent avec leurs élisions, leurs changements euphoniques, à la suite les uns des autres, sans aucune séparation, comme dans l'exemple suivant :

Navismayêtatapasavadêdistwâcanànritam,

Qui doit se décomposer et se lire ainsi :

Na vismâyêta tapasa, vadêd istwâ ca nânritam.

(Qu'il ne s'enorgueillisse pas de ses austérités, et qu'après avoir sacrifié il fuie le mensonge). Si l'on ajoute encore que les 54 lettres ne s'écrivent guère à l'état simple qu'au commencement des mots, et que ces lettres se combinent de façon à former des disyllabes, des trisyllabes et même des quatrisyllabes en un seul signe composé :

On comprendra qu'on ait pu dire, sans que cette

opinion soit trop paradoxale, que pour *lire* le sanscrit il fallait *d'abord* connaître la langue.

En donnant à cette pensée vraie au fond, une tournure plus exacte en apparence, nous dirons que quand on est capable de lire couramment tous les manuscrits sancrits, on sait la langue.

Les rares grammairiens européens, hommes de profonde science du reste, n'ont pas abordé l'étude logique et raisonnée de ces difficultés ; ils semblent n'avoir écrit que pour ceux qui, connaissant déjà la langue, n'avaient par conséquent pas besoin de grammaire.

Aussi défions-nous tout érudit qui voudra étudier le sanscrit en dehors des cours du collége de France, que l'on ne peut pas suivre, quand on habite la province par exemple, d'arriver à lire les manuscrits sanscrits, après avoir étudié les deux ou trois seules grammaires qui existent.

Un véritable dictionnaire des lettres, des signes composés et de leur transformation logique, est de toute nécessité pour le débutant, et nous saisissons l'occasion d'annoncer aux lecteurs qui nous ont écrit, pour nous demander comment ils pourraient étudier seuls le sanscrit, que nous publierons bientôt un dictionnaire de ces signes composés, avec l'explication logique de leur formation.

L'écriture sanscrite est syllabique et non alphabétique comme la nôtre, de là, la nécessité pour l'étudiant de savoir décomposer les éléments dont se composent les syllabes représentées par un seul caractère pour pouvoir les lire.

Dans l'écriture du Nord adoptée par les facultés d'Europe, chaque caractère devànâgari représente au plus une ou deux syllabes, mais dans le Devànâgari du Sud, un seul caractère peut représenter deux, trois et quatre syllabes, ce qui, on le conçoit, ajoute encore à la difficulté.

Le sanscrit appartient à la grande famille des langues *à flexion*. Ses mots se composent à l'aide des éléments suivants :

La racine,
Le suffixe,
Le préfixe,
La flexion,
Les signes euphoniques, que les grammairiens indous appellent lettres d'accord.

Toutes les langues arrivées à la flexion ont fatalement passé par les deux autres périodes du monosyllabisme et de l'agglutination.

Dans les langues monosyllabiques, tous les mots sont racines, toutes les racines sont invariables et le rôle des mots dépend uniquement de leur place dans la construction de la phrase.

Les langues agglutinantes sont celles qui parviennent à sortir de la première période d'enfance.
Dans cette forme, deux racines s'unissent pour
composer un mot ; l'une reste radicalement invariable, tandis que l'autre devient une simple désinence.

Dans les langues parvenues à la flexion, la racine
principale du mot admet l'altération phonique ,
aussi bien que les racines devenues désinences.

Il suit de là que les racines dans les langues à
flexion, représentent tout ce qui s'est conservé intact
à travers les âges, de l'état monosyllabique de ces
langues, malgré leur marche ascensionnelle vers
l'agglutination et la flexion.

La racine, appelée dâtou par les grammairiens
indous, est donc l'élément fixe et invariable du mot,
qui a suivi le sanscrit dans toutes les phases de sa
marche du monosyllabisme à la flexion. En d'autres
termes, en dégageant la racine de tous les mots
sanscrits actuels, on arrive à reconstituer une bonne
partie du sanscrit monosyllabique des premiers
âges. Nous disons une bonne partie, car il a encore
quelques racines devenues désinences, qui ont ré-
sisté jusqu'à ce jour à l'analyse, qui cherchait à les
ramener à la simplicité de leur forme première.

C'est donc dans la forme simple et primitive de la
racine qu'il faut aller chercher le sens générique du

mot et le lien général de toute famille de mots.

Une famille de mots comprend tous les mots issus de la même racine; ainsi, par exemple, sous la racine *c'ar*, qui exprime l'idée d'*aller*, de *se mouvoir*, de *parcourir*, viennent se ranger les mots de :

Carana. — Action d'aller, de marcher, d'errer à l'aventure.

Caranyami. — Je vais, je marche.

Cara. — Qui va, qui se meut, mobile.

Acara. — Immobile (*a* privatif).

Caraka. — Voyageur, émissaire, espion.

Carata. — Oiseau toujours en mouvement, hochequeue.

Carama. — L'arrivée, la fin du voyage, dernier, final, occident.

Caramabavika. — Qui est arrivé au terme des transmissions terrestres.

C'ari. — Animal qui court (n'importe lequel).

C'arita. — Action accomplie.

C'arisnou. — Qui va et vient.

C'arâc'ara. — Mobile et immobile. (C'ara, mobile ; a privatif, ac'ara, immobile.)

Cette racine *c'ar* a donné naissance au grec σκαίρω, au latin *curro*, à l'anglais *car*, au français char, chariot.

Ce groupe émané d'une seule racine, va nous fournir un exemple des cinq éléments qui, ainsi que nous venons de le dire, concourent en sanscrit à former les mots.

En décomposant les mots *c'ari* et *carisnou*,

Nous trouvons :

C'ar........................... racine
I.............................. flexion
Snou........................... suffixe
Acara nous donne l'*a* initial...... préfixe
Et carâcara qui est ici pour
Caraacara nous donne l'élision
D'un *a* ou à long pour deux *a*
Qui représente l'accord de lettres ou....euphonie.

Il va nous être facile maintenant de définir le rôle de ces éléments, dans la formation du mot.

La racine renferme l'idée générale et est toujours invariable.

La flexion se place à la fin des racines et des mots pour exprimer le temps, le mode, le cas, ainsi que toutes les modifications que l'idée générale peut subir. C'ari — racine, *car*, flexion *a*. *Cara* — racine, *car*, flexion *â*. Comme on le voit, la racine *fléchit* par l'adjonction d'un élément, elle est modifiée dans son sens général et devient une expression particulière, un mot.

La flexion a cela de particulier qu'elle ne peut être invariable puisqu'elle exprime la modification de cas, de temps ou de personne.

Le *suffixe* est un élément qui se place à la suite de la racine, qu'elle ait ou non déjà subi la flexion, pour en déterminer l'acception ou la forme définitive. C'est par les suffixes que les noms, verbes, adverbes et autres parties du discours, naissent des racines.

C'est donc à tort que certains grammairiens veulent reconnaître des racines attachées spécialement aux verbes ou aux autres parties du discours. Il n'y a ni racines verbales, ni racines nominales antérieures à toutes les autres formes, elles sont la source originelle d'où découlent les verbes, les noms, les adjectifs.

Ainsi les suffixes déterminent la classe, verbe, nom, etc., dans laquelle doivent être rangés les mots. Ils sont très-nombreux en sanscrit.

En voici quelques-uns des principaux, avec les classes différentes dans lesquelles ils rangent les mots [1].

A bref — forme 1° des adjectifs qualificatifs. Ex. :
     dev-a, divin. 2° des substantifs issus de

<hr>

[1]. E. Burnouf et Leupol.

participes présents. Ex. : *sarp-a* (le rampant), serpent. 3° des noms abstraits masculins et autres. Ex. : *rog-a*, maladie. 4° des noms collectifs : *âçw-a*, une troupe de cheveaux. 5° des noms patronymiques. Ex. : *vœvaswat-a*, le fils de *Vivaswat*.

A long — forme 1° des noms féminins abstraits ou des noms communs. Ex. : *xud-â*, la faim ; *dar-â*, la terre.

AKA — forme 1° des noms d'agents masculins, *nart-aka*, danseur. 2° des noms collectifs : *asw-aka*, cavalerie. 3° des adjectifs. Ex. : *sâd-aka*, utile.

AN — forme diverses espèces de noms. Ex. : *raj-an*, roi.

ANA — forme 1° des noms neutres souvent abstraits. Ex. : *buv-ana*, le monde ; *vaé-ana*, discours, etc. 2° des noms d'agent. Ex. : *bav-ana*, auteur.

ANTA — forme, avec le suffixe *ay*, des verbes et adjectifs doublement dérivés ; ainsi, *nand*, se réjouir ; *nand-ay*, réjouir ; *nand-ay-antre*, réjouissant.

AS — forme des substantifs neutres. Ex. : vae-as, parole.

ATOU — forme quelques substantifs abstraits masculins. Ex. : vêp-atou, tremblement.

AY — forme une classe nombreuse de verbes. Ex. :
　　　dic, montrer ; dic-*ay*, ami, faire montrer,
　　　etc.....

ÇAS — forme des adverbes de nombre. Ex. : *éka-ças*,
　　　un à un ; çata-ças, cent pour cent.

DA — forme des adverbes de durée, *sa-dá*, toujours.

EYA — forme 1° des noms et des adjectifs expri-
　　　mant l'origine *Atr-eya d'atri*, *máh-éya*, fait
　　　de terre. 2° quelques noms abstraits. Ex. :
　　　j'nat-éya, parenté.

I — forme 1° quelques substantifs exprimant l'ac-
　　　tion. Ex.: *bod-i*, la connaissance. 2° quelques
　　　noms d'agents avec syllabe redoublée.
　　　Ex : *c'akr-i*, qui fait ; et quelques adjectifs
　　　composés d'un usage assez rare.

I — forme des noms féminins exprimant un acte
　　　commun ou réciproque. Ex.: *vyá kroç-i*, cri
　　　réciproque.

IKA — forme 1° des adjectifs dont le féminin se
　　　termine en *i*. Ex. : *darm-ika*, légal ; 2° des
　　　noms neutres collectifs. Ex. : *kœdar-ika*,
　　　une foule de champs.

IMAN — forme quelques mots abstraits. Ex. : *rj-iman*,
　　　droiture.

IN — forme un grand nombre de mots exprimant
　　　la possession. **Ex. :** *dan-in*, riche; *kéç-in*,
　　　chevelu, etc.

INA — forme 1° des adjectifs qualificatifs comme *kul-ina*, noble ; 2° des noms neutres. Ex. : *tœl-ina*, champ de sésame.

ITA — forme des adjectifs de possession. Ex. : *p'al-ita*, qui a des fruits.

INA — avec initial bref, même emploi. Ex. : *rat-ina*, qui a un char.

IYA — forme des noms de parenté. Ex. : *swasr-iya*, fils de la sœur, et des adjectifs ; comme *açw-iya*, de cheval.

MA — forme ordinairement les adjectifs de nombre ; il en forme aussi quelques autres à titre d'exception. Ex. : *soumadya-ma*, à la belle taille. Quelques noms également lui doivent leur dérivation ; comme *b'd-ma*, le soleil.

MAN — forme des adjectifs et des substantifs. Ex. : *nd-man*, nom (c'est le suffixe *men* des latins, *no-men*, nom), *jan-man*, naissance.

MAYA — forme des adjectifs exprimant la matière, la nature ou l'origine d'une chose. Ex. : *ayas-maya*, de fer.

NA — est la forme du participe passé passif, il forme en outre quelques adjectifs et quelques substantifs : *poura-na*, antique ; *swap-na*, sommeil.

NOU — forme quelques adjectifs qualificatifs. Ex. : *tras-nou*, timide.

S et IS — forment les verbes de désir : *toud*, frap-
     per ; *toutout-s-ami*, toutoutsami, frapper ;
     ces verbes ont presque toujours le redou-
     blement initial. Ound, être mouillé ; *oundid-
     is-ami*, oundidisàmi, je désire être mouillé.
     Ce suffixe *is*, précédé du suffixe *ay*, produit
     des verbes doublement dérivés. Ex. : *driç*,
     voir ; didarç-ay-isc-âmi, didarçayisâmi, je
     désire faire voir.

SAT — forme oblative, engendre certains adverbes,
     indiquant l'état d'une chose. Ex. : *b'asma-
     sât*, en cendres.

SNOU et SCNOU — forment des adjectifs. et des
     noms d'agents. Ex. : *scta-snou*, stable ;
     ji-snou, victorieux.

TAT avec S euphonique — forme des adverbes de
     lieu : oupari-sc-tàt, en haut, au-dessus.

SYA — ne forme que *Manou-sya*, fils de Manou,
     homme.

TA et TWA — forment un grand nombre de noms
     abstraits. Ex. : *bahou-tâ*, multitude ; *sat-twa*,
     chasteté, les mots en tà sont féminins, ceux
     en twa sont neutres.

TANA — forme des adjectifs dérivés des adverbes
     de temps : *cwas-tana*, de demain (latin, cras-
     tinus) : *hyas-tana*, d'hier (latin, hes-ternus).

TAS — forme des adverbes ayant le sens de l'obla-

tif ou du locatif : *dorma-tos*, justement ;
i-tos, d'ici.

TAYA — forme des collectifs neutres, dérivés de
noms de nombre : *tri*, trois ; *tri-toya*,
triade.

TI — forme un grand nombre de noms abstraits féminins. Ex. : *bou-ti*. existence ; *cak-ii*, la
force ; *ma-ti*, la pensée.

TRI — forme une foule de noms d'agents. Ex. : *da-
tri*, donneur (latin, da-tor) ; *pitri*, père, *la-
tri*, mère (latin, ma-ter).

TRA — forme 1° des adverbes de lieu : *kou-tra* ou
ta-tra, ici ; *anya-tra*, ailleurs ; et 2° quelques
adjectifs comme *pari-tra*, pur.

TOU — suffixe du gérondif et de l'infinitif, forme
quelques mots comme *ga-tou*, voyageur.

TAM et TA — forment en s'unissant aux pronoms
des adverbes de manière : *ka-tam*, comment ; *ta-cta*, ainsi.

OU — forme une dose nombreuse d'adjectifs de
désir. Ex. : *cikirs-ou*, qui désire faire ; *pi-
pâs-ou*, qui désire boire. Il forme aussi
quelques substantifs et adjectifs modifica-
tifs : *tan-ou*, mince (latin, *tenuis*) ; *vây-ou*, le
vent.

OUKA — forme quelques adjectifs supérieurs, comme
hâm-ouka, désireux.

OURA — forme quelques adjectifs de possession : *dant-oura,* qui a une grande dent.

OUS — forme quelques noms neutres : *vap-ous,* corps.

VARA — forme un petit nombre d'adjectifs et de noms d'agents. — Ex. : *gat-vana,* et par euphonie *gat-ouara,* mouvant ; *iç-vara,* et par euphonie ; *iç-ouara,* prince.

VAN et VAT — s'emploient dans les mêmes cas que le suffixe IN dont nous avons parlé plus haut. VAT forme en outre des adverbes de comparaison. Ex. : *sinha-vat,* comme un lion.

Y-AY-SY-ASY, — en s'unissant aux racines nominales, forment des verbes nominaux. Ex. : *Patnî,* épouse ; *patnî-y-ami,* patnîyami, je désire pour épouse.

Parfois ces verbes sont neutres : *sinha-y-âmi,* sinhayâmi, je deviens comme un lion.

YA — forme 1° comme le suffixe A des noms patronymiques. Ex. — *Mânav-ya,* fils de Manou ; 2° des noms abstraits neutres : *sab-ya,* la vérité ; 3° des collectifs : *kœç-ya,* la chevelure ; 4° les qualificatifs : *dan-ya,* riche ; 5° et divers substantifs : *rat-ya,* cheval, détroit.

YA — forme féminine de YA forme des noms abstraits féminins : *vid-yâ,* science ; *mâ-yâ,* magie, illusion.

Tels sont les principaux suffixes sanscrits, que les grammairiens indous avaient dégagés de leurs mots et classés, des siècles avant que les Européens eussent songé aux premiers principes de la grammaire générale. Sur ce terrain, les linguistes indous nous en ont plus appris que la science moderne ne consent à l'avouer.

L'étude de ses suffixes est d'une réelle importance, car, comme on peut s'en assurer par le plus simple travail de comparaison, ces formes ont presque passé toutes dans le latin et le grec et se retrouvent avec quelques modifications dans la plupart des langues indo-européennes.

Ex. : sanscrit : suffixe atou — vam-atou, vomissement.

Ex. : latin : suffixe tous — vomi-tus, ou mieux vomi-tous, comme prononçaient les anciens latins.

Ex. : sanscrit : suffixe tr — pi-tr, père.

Ex. : grec : suffixe ter — pa-ter, père.

Ex. : allemand : suffixe thr — fa-thr, père.

Ex. : anglais : suffixe ther — fa-ther, père.

Ex. : latin : suffixe ter — pater, père, etc.

Il nous suffit d'indiquer de pareils rapprochements pour faire comprendre l'intérêt que présente l'étude approfondie de ces formes.

Les *préfixes* se placent devant la racine, ils modifient, précisent, restreignent la signification du mot, mais sans avoir, comme les *suffixes*, une influence sur la classe dans laquelle le mot doit être rangé.

Le nombre des *préfixes* sanscrits est très-restreint. Voici la liste de ces préfixes avec leur descendance grecque et latine.

A et AN *privatifs : a-kâma*, malgré soi; *an-anta*, sans fin. Grec α et αν (a et an) privatifs, latin *in*, *invitus*.

A — *vers* — exprime l'adjonction : *â-gam*, aller vers. Grec ᾱ (à) idée d'adjonction. α-κολουθος (akoloutos, compagnon.

ABI — *vers :* abi-gam, aller vers.

ADI — *sur :* adi-cî, étendu sur.

ANTAR — *entre, parmi, au dedans :* antar-ixa, l'air transparent. Latin, inter.

ANOU — *après :* anou-gam, suivre.

APA — *de, séparément :* apa-kram, s'en aller. Grec απο (apo), latin ab.

API — *sur :* api-dàdadàmi, je place dessus. Grec ἐπί (épi).

ATI — *au delà :* ati-kram, aller au delà.

AVA — *de haut en bas :* ava-tara, descente.

DUR et DUS — *mol :* dour-mati, stupide; dous-tara, difficile. Grec δύς (dus, prononciation dous).

NI — *de haut en bas, séparation* : ni-pal, tomber.

NIS-NIR — *de, hors de* : nir-gam, sortir.

PARA — *à rebours, en retour, en sens opposé* : parâ-jaya, défaite. Grec παρά (para).

PARI — *autour* : pari-yam, aller autour. Grec περί (peri).

PRA — *en avant* : pra-bû, commander. Grec προ (pro), latin præ, pro.

PRATI — *à, vers, vis-à-vis, contre* : prati-pad, aller vers. Gr.-Éolien προτί (proti), grec προς (pros).

SAM — *avec* : sam-iti, réunion. Grec συν (sun), latin cum.

SU — *bien* : su-varna, or. Grec εὖ (eu).

UPA — *vers* : upa-gam, aller vers. Grec υπο (upo), latin sub.

UT — *en haut* : ut-pat, sauter.

VAHIR — marque la séparation *vahi-skritu*, privé de.

VI — particule de séparation *vi-yuj*, disjoindre.

Par l'étude de ces préfixes, comme par ceux des suffixes, on peut voir que le sanscrit est assez riche pour avoir doté sa nombreuse postérité de langues indo-européennes, et qu'il n'est nul besoin d'imaginer une langue inconnue dont on ne possède pas même une inscription, pour en faire l'indo-européen commun.

L'euphonie a lieu ordinairement en sanscrit par

élision, nous en avons donné plus haut quelques exemples, mais lorsque ces règles ne peuvent s'appliquer, on procède par l'intercalation d'une lettre destinée à unir entre eux les éléments du mot.

Ainsi râj, roi, et sya, qui est la flexion indiquant le génitif singulier, ne s'écrira pas *râjsya*, mais, pour pour l'euphonie du mot, *raj-a-sya*, *rajasya*, du roi ; *a* est ici une simple lettre d'accord.

Maintenant que nous avons vu à l'aide de quels éléments se formaient les mots, nous pouvons les suivre dans leurs diverses transformations. Les mots sont, en sanscrit, substantifs, adjectifs, pronoms, verbes, participes, infinitifs, gérondifs, prépositions et adverbes.

Dans une grammaire d'un des idiomes indo-européens, une pareille constatation n'offre rien d'extraordinaire, mais on changera d'opinion si l'on veut bien se rappeler que le sanscrit, souche des langues indo-européennes, n'a rien emprunté à d'autres idiomes, et est arrivé à la création de ces divisions logiques par ses seules forces de transformation.

Diviser ses mots en substantifs, adjectifs, pronoms, verbes, etc., n'est pas un phénomène extraordinaire pour un dérivé qui suit une marche tracée par son ancêtre ; mais c'est toute autre chose quand il s'agit de la *langue mère*, qui a eu à supporter tout l'effort de la création de ces formes spéciales.

Le sanscrit possède trois nombres : le *singulier*, le *duel*, le *pluriel*, et trois genres : le masculin, le féminin, le neutre.

Les mots sont modifiés dans leur manière d'être par la déclinaison qui n'est autre chose que la flexion réglementée.

Le lecteur connaît déjà, par le grec, le latin ou l'allemand, ces tableaux qui font passer par toutes leurs flexions casuelles les mots déclinables ; aussi nous bornerons-nous à en donner un seul exemple en sanscrit.

Les mots sanscrits ont tous une forme absolue qui n'appartient à aucun cas, et qu'on peut distinguer sous le nom de thème :

RAMA, charmant.

THÈME :	MASCULIN	FÉMININ	NEUTRE
	RAMA	RAMA	RAMA

Singulier :

Nominatif :	Ramas	Ramâ	Raman
Vocatif :	Rama	Ramê	Rama
Accusatif :	Ramam	Ramâm	Raman
Instrumental :	Ramêna	Ramayâ	Ramêna
Datif :	Ramâya	Ramâyœ	Ramâya

Ablatif :	Ramât	Ramâyâs	Ramât
Génitif :	Ramasya	Ramâyâs	Ramasya
Locatif :	Ramê	Ramâyâm	Ramê

Pluriel :

Nominatif :	Ramâs	Ramâs	Ramâni
Vocatif :	Ramâs	Ramâs	Ramâni
Accusatif :	Raman	Ramâs	Ramâni
Instrumental :	Ramœs	Ramabis	Ramœs
Datif :	Ramêbyas	Ramâbyas	Ramêbyas
Ablatif :	Ramêbyas	Ramâbyas	Ramêbyas
Génitif :	Românâm	Râmanâm	Ramânâm
Locatif :	Ramêson	Ramasou	Râmêsou

Duel :

N. V. Ac. :	Rama	Ramê	Ramê
I. D. Ab. :	Ramâbyam	Ramâbyam	Ramâbyâm
Gen. Loc. :	Ramayôs	Ramayôs	Ramayôs

On remarquera que le sanscrit a, de plus que les langues latines et grecques, les deux cas nommés instrumental et locatif.

L'instrumental indique que l'objet joue le rôle d'instrument.

Ex. : Il le blessa *d'un coup de poignard, instrumental.* Le locatif détermine le lieu ou la partie.

5

Ex. : Il le blessa d'un coup de poignard *au bras, locatif.*

Nous avons dit que chaque mot possède une forme absolue, appelée thème. C'est d'après les terminaisons de cette forme que l'on peut ramener à six classes toutes les déclinaisons sanscrites.

La première classe comprend tous les thèmes qui se terminent en a bref et en à long.

La seconde, tous ceux qui se terminent en i et en ou.

La troisième, tous ceux qui se terminent en î long et en oû long.

La quatrième, ceux qui se terminent en re et en le.

La cinquième, ceux en œ, ô et œo.

La sixième, tous les thèmes qui finissent par une consonne.

Il y a trois sortes de thèmes, les thèmes simples, comme yut, combat; les thèmes doubles, comme tudant et tudot, frappant ; les thèmes triples, comme pratyanc'-pratyac' et pratic', occidental. Ils se déclinent d'après des règles d'euphonie spéciales que nous n'avons pas à étudier ici, ce serait tomber dans les règles détaillées de la grammaire.

Le verbe n'est qu'une racine qui, par le moyen de suffixes ou de flexions, ajoute à son sens spécial l'idée d'existence ou d'action.

Le verbe sanscrit a trois voix :

La voix active,

La voix moyenne,

Et la voix passive,

La forme active est ou transitive ou neutre, mais jamais passive.

La forme moyenne, plus communćment transitive ou neutre, prête une partie de ses temps au passif et a quelquefois un sens réfléchi.

La forme passive exprime uniquement le passif, sans exception à cette règle.

Rarement, les formes active et moyenne sont en usage pour le même verbe, car elles ont à peu près la même signification.

Comme en grec et en latin, tous les verbes actifs gouvernent l'accusatif; les autres verbes gouvernent des cas différents, suivant le sens logique de la manière d'être qu'il indiquent.

Le verbe sanscrit a trois nombres, trois personnes et neuf temps.

Il possède trois modes, l'indicatif que l'on trouve à tous les temps, l'impératif à un seul, et l'optatif, qui est à peu près le même que le subjonctif latin.

L'infinitif, le participe et le gérondit sont de véritables noms déclinables.

Il n'y a, à proprement parler, en sanscrit, qu'une seule conjugaison.

Nous n'entrerons pas ici dans l'analyse des flexions
ou terminaisons verbales, ni dans l'étude de la formation des temps, ce serait, nous l'avons déjà dit,
tomber dans l'examen des choses de pure grammaire, et nous désirons nous en tenir aux grandes
lignes, aux principes généraux applicables à toutes
les langues indo-européennes.

Si nous nous sommes occupé avec plus de détail
des flexions, des suffixes et et des préfixes, c'est que
ces formes jouent dans la formation des mots un
rôle des plus importants, non-seulement en sanscrit, mais dans tous les dérivés de cette langue
mère, et que l'on peut presque affirmer que toutes
ces formes, comme celles de la racine indo-européenne, peuvent être ramenées à un type commun.

Ex. : En sanscrit, mati, la pensée ; en grec μῆτις
(métis).

Radical sanscrit, ma.

Radical grec, mê.

Suffixe sanscrit, ti.

Suffixe grec, tis.

Autre ex. : en sanscrit, vamatu, vomissements
(prononcez vamatous) ; en latin, vomitus (prononcez
vomitous).

Radical sanscrit, vam.

Radical latin, vom.

Suffixe sanscrit, tu.

Suffixe latin, tu.

Il est inutile d'insister, de pareils faits linguistiques peuvent se passer de commentaires.

Le sanscrit possède ces parties invariables du discours qu'on appelle prépositions, adverbes, conjonctions et interjections.

Les *prépositions* n'existent qu'en petit nombre ,
l'instrumental et le locatif des déclinaisons sanscrites étant destinés à rendre les rapports qu'elles
expriment. Aussi peut-on affirmer que les neuf ou
dix prépositions que l'on relève en sanscrit ne sont
que des préfixes qu'on s'est habitué, par l'usage, à
séparer du mot. Elles gouvernent, en général, soit
l'accusatif, soit l'ablatif.

Une de ces prépositions, *pacya*, *voici*, n'est que
l'impératif de *pac*, *voir*, *pac-ya*, vois-ici. De même
qu'en français *voici*, n'est que l'abréviation de
vois-ici.

Adverbes et conjonctions se distinguent peu en
sanscrit.

Les grammairiens indous les rangent dans la
même classe, et remarquant que leurs terminaisons
indiquent des cas parfaitement déterminés ; ils les
regardent comme d'anciens noms et adjectifs qui,
autrefois, se déclinaient, et que l'habitude a immo-

bilisés dans un cas spécial, nominatif, accusatif, ablatif, etc..., de la déclinaison.

Comme dans toutes les langues, ses dérivés, le sanscrit, par l'interjection, exprime la plainte, l'étonnement, la colère, la douleur, la joie, l'horreur, l'encouragement ou l'appel. Le sens de l'interjection sanscrite est assez vague, ce qui fait que toutes les formes de cette classe s'emploient assez facilement les unes pour les autres.

Après cet examen rapide de la formation des mots et de leur dérivation, il ne nous reste que fort peu de chose à dire de leur règle d'emploi dans le discours, autrement dit de la syntaxe sanscrite qui, si on en excepte deux ou trois règles spéciales, s'est conservée tout entière dans les syntaxes grecques et latines issues d'elle.

L'illustre Bopp, qui n'a mis de syntaxe ni dans sa grammaire sanscrite-allemande, ni dans l'édition latine de cette grammaire, en donnait les raisons en ces termes :

«.... Si l'on ne veut pas répéter les principes qui appartiennent à la grammaire générale, ou les choses qui pourraient figurer à aussi bon droit dans le rudiment de toute autre langue de la même famille, « la famille indo-européenne, » il est facile d'exécuter en bien peu de paragraphes une syntaxe sans-

crite... » *et il ajoute* : « sanscrita lingua locupletissi-
mæ et perfectissimæ suæ grammaticæ raro trans-
greditur fines a natura constitutos. »

Ainsi, d'après l'élément indianiste, la syntaxe sanscrite renferme tous les principes qui appartiennent
à la grammaire générale du groupe des langues
indo-européennes. Et comme tous ces principes que
l'on retrouve en sanscrit, n'ont pas passé dans leur
ensemble dans chaque langue indo-européenne qui
n'en a conservé que ce qui convenait à son caractère spécial, à son génie transformé sur un sol nouveau et par une civilisation différente, il suit de là
« *ce que nous avons voulu prouver dès le début de ce livre* »
que le sanscrit *renfermant tous ces principes communs* est
bien le type primitif, le type commun de toutes les
langues indo-européennes.

Nous pouvons ajouter que cette preuve ressort
d'une manière aussi évidente de notre examen des
cinq éléments auxquels peuvent toujours se ramener tous les mots sanscrits même les plus com-
plexes :

La racine,
La flexion,
Le suffixe,
Le préfixe,
L'accord euphonique.

Sur le même sujet, MM. E. Burnouf et Leupol, dans la préface de leur remarquable méthode sanscrite, se sont exprimés ainsi :

« On remarquera, dans notre grammaire, le peu d'étendue d'un chapitre qui fait partie intégrante des méthodes latines et grecques, c'est le chapitre ou le livre de la syntaxe. Une telle réduction de notre part n'a pas eu lieu sans de graves motifs. Comme on pourra s'en convaincre par la lecture des auteurs, le sanscrit ne renferme qu'un très-petit nombre de règles d'accord et de régime qui n'aient pas leur équivalent dans nos langues classiques. »

Il ne nous reste plus en manière de conclusion, qu'à nous demander si ce n'est pas à juste titre que nous avons repoussé l'inutile exhumation d'une langue inconnue, dont il ne reste aucun vestige, qui n'est qu'une pure hypothèse linguistique, et qu'on voudrait nous donner comme l'ancêtre du sanscrit, et le type commun du langage indo-européen.

Nous ne prétendons pas, qu'on retienne bien ce fait, que le sanscrit n'ait pas eu d'ancêtre... Nous disons simplement que cela nous importe peu en présence de ces trois faits indiscutables.

1° Que l'ancêtre, s'il a existé, a disparu sans laisser aucun monument, aucun vestige si faible qu'il soit.

2° Que toutes les formes prétendues primitives, relevées par les partisans de ce système, ne sont que des formes sanscrites, dont les unes n'ont jamais cessé d'exister, dont les autres n'ont subi que des modifications d'euphonie.

(C'est ainsi que la forme aiti, qui se change en êti, que M. Hovelacque donne comme une forme de cette langue perdue, n'est, n'en déplaise à tous les linguistes franco-allemands qu'une forme absolument sanscrite soumise à la règle générale d'euphonie, ê pour ai, êti pour aiti. Le tort des linguistes de cette école est de raisonner sur le sanscrit classique, sans vouloir tenir compte de la marche de cette langue de l'enfance à l'âge mûr, du monosyllabisme et de l'agglutination à la flexion.

Toutes les formes simples qui appartiennent à l'enfance du sanscrit et que l'usage, le progrès, des règles nouvelles, l'euphonie, ont plus ou moins modifiées, sont attribuées par eux à

cette langue inconnue qu'ils ont fait
surgir de l'exégèse linguistique... Voilà
tout le procédé.)

3° Que le sanscrit possède *seul, dans leur universalité,* tous les principes de la grammaire générale du parler indo-européen.

Nous poserons de plus cette question :

Comment pourrait-il se faire qu'une langue, aussi importante que celle qui aurait donné naissance au sanscrit et à tous les groupes indous, anciens et *modernes,* de cette famille, au groupe des langues iraniennes, aux groupes celtiques, grecs, latins, germaniques, slaves et scandinaves, n'aurait laissé aucune trace de son existence?

Si toutes ces langues ne sont point des dérivés du sanscrit, mais des dérivés de ce prétendu *indo-européen commun* d'invention moderne, si elles sont sœurs et non filles du sanscrit, tout cet ensemble gigantesque de traditions primitives, qui a couvert l'Asie et l'Europe, a forcément son origine dans la période de civilisation, où toutes les tribus qui ont émigré dans les deux mondes parlaient encore cet indo-européen commun, et dès lors comment s'imaginer que la langue d'une civilisation aussi gigantesque d'où sont sortis le monde ancien et le monde

moderne, se soit éteint comme le vulgaire idiome
d'une peuplade disparue?

Nous ne saurions trop le répéter : à quoi bon
chercher dans la nuit des âges disparus, le lien des
langues indo-européennes, puisque nous avons le
sanscrit, qui, comme langue, renferme en lui tous
les principes généraux et toutes les formes communes, et comme littérature nous offre le monument le plus imposant qu'ait produit l'esprit humain, monument dans lequel, selon l'expression de
MM. Max Grazia et J. David : « *Tout se trouve, depuis
les premières formules religieuses , jusqu'aux premières
évolutions des sciences, des lettres et des arts...* »

Presque tous les principes de droit civil du vieux
Manou ont passé en entier dans le droit de Rome,
et dans les codes modernes conservés par la cou-
tume... Sa cosmogonie a inspiré toutes les cosmo-
gonies religieuses.

Une langue ne meurt pas avec une pareille richesse de production, aussi l'indo-européen commun
n'a-t-il pas disparu.

L'indo-européen commun à tous les points de vue
linguistiques, historiques et ethnographiques, *est le
sanscrit!*

Tout autre système, isolé de l'histoire, de l'ethnographie, et de la linguistique positive, reposant

sur des faits certains, n'est plus qu'une collection de rêveries hypothétiques.

Le savant Max Muller, professeur à l'Université d'Oxford, n'a pas assez oublié son origine germanique, pour se séparer de la pure école allemande sur le terrain des Aryas de l'Oxus, et de la langue disparue qui aurait donné naissance à tous les idiomes indo-européens, y compris le sanscrit. Mais ses raisons quoique fort spécieuses en apparence, ne reposent, comme celles que nous avons déjà examinées, que sur de pures hypothèses, et la même confusion entre les formes du sanscrit primitif, du sanscrit dans ses diverses périodes de formation et celles du sanscrit classique.

Nous aimons peu à exposer nous-mêmes les opinions de nos adversaires ; il est rare que dans cette forme d'argumentation, on ne se laisse pas aller, sans s'en rendre compte, à affaiblir par des nuances l'idée que l'on veut combattre, aussi allons-nous procéder selon notre habitude par citation.

Max Muller s'exprime ainsi :

« On ne peut pas dire que nous ne savons absolument rien de l'époque pendant laquelle les nations aryennes (toujours les Aryas, dont l'existence, non-seulement au point de vue scientifique n'est pas démontrée, mais contre laquelle protestent toutes les traditions de l'Indoustan), encore non divisées en peuples divers, formèrent leurs mythes. Quand même nous ne connaîtrions que les traditions de la Grèce, si obscures quand on les envisage isolément, nous pourrions en tirer bien des inductions sur l'époque qui précéda la première apparition de la littérature nationale en Grèce... La philologie comparée a ramené toute cette période dans la sphère de l'histoire positive. Elle a mis en nos mains un télescope d'une telle puissance, que là où nous n'apercevions auparavant que des nuages confus, nous découvrons maintenant des formes et des contours distincts. Bien plus, elle nous a fait entendre, si l'on peut ainsi parler, des témoignages contemporains de ces lointaines époques ; elle nous a représenté l'état de la pensée, du langage, de la religion et de la civilisation à une époque où le sanscrit et le grec n'existaient pas encore, mais où tous deux, ainsi que le latin, l'*allemand* et les autres dialectes aryens, étaient contenus dans une *langue commune*, de même que le français, l'italien et l'espagnol ont été d'abord virtuellement renfermés dans le latin.

« Ceci réclame une courte explication. Quand même nous ne saurions rien de l'existence du latin, quand même tous les documents historiques antérieurs au xve siècle auraient été perdus et que la tradition ne nous eût pas appris l'existence d'un empire romain, une simple comparaison des six dialectes romans nous permettrait de dire qu'à une certaine époque, il dut y avoir une langue d'où tous ces dialectes modernes tirèrent leur origine; sans cette supposition, en effet, il serait impossible d'expliquer les analogies que présentent ces dialectes. En examinant le verbe auxiliaire, nous trouvons :

ITALIEN	VALAQUE	RHÉTIEN	ESPAÑOL	PORTUGAIS	FRANÇAIS
sono	sum	sunt	soy	son	suis
sei	es	eis	eres	es	es
é	e	ei	es	hè	est
siamo	sunterra	essen	somos	somos	sommes
siete	suntete	esses	sois	sois	êtes
sono	sunt	ean	son	sao	sont

« Il est évident que toutes ces formes sont des variétés d'un même type, et qu'il est impossible de prendre aucun de ces six paradigmes pour le modèle sur lequel les autres ont été construits. Nous pouvons ajouter que dans aucune des langues auxquelles ces formes verbales appartiennent, nous ne trouvons les éléments qui auraient pu les composer.

« Quand nous rencontrons des formes comme *j'ai aimé*, nous pouvons les expliquer par les radicaux que le français possède actuellement et il en est de même des temps composés, comme j'aimerai, c'est-à-dire je aimer-ai. Mais le changement de *je suis* en *tu es* est inexplicable par la grammaire française seule. De telles formes n'auraient pas pu naître sur le sol français, elles ont dû se transmettre comme les restes d'une époque précédente ; elles ont dû exister dans quelque langue antérieure aux dialectes romans. Ici nous ne sommes point obligé de nous en tenir *à une simple supposition*, car nous possédons le verbe latin, et nous pouvons montrer comment, par suite de la corruption phonétique et en vertu d'analogies erronées, chacun des six paradigmes n'est qu'une métamorphose nationale du modèle latin.

« Voici maintenant une autre série de paradigmes :

	Sanscrit.	Lithuanien.	Zend.	Dorien.	Vieux slave.	Latin.	Gothique.	Arménien.
Je suis.......	asmi	esmi	ahmi	ἐμμί	yesme	sum	im	ena
Tu es........	a's̄i	essi	ahi	ἐσσί	yesi	es	is	es
Il est........	asti	esti	asti	ἐστί	yesti	est	ist	é
Nous (deux) sommes....	sva's	esva	......	....	yesva	......	siju	....
Vous (deux) êtes........	stha's	esta	stho	ἐστόν	yesta	......	sijuts	....
Ils (deux sont)	stas	esti	sto	ἐστον	yesta	......	......	....
Nous sommes.	smas	esni	hmahi	ἐσμές	yesmo	sumus	sijum	emq
Vous êtes.....	stha	esta	sta	ἐστέ	yesto	estis	sijuth	eq
Ils sont.......	sauti	esti	henti	ἐστί	sonté	sunt	sind	en

« Nous devons tirer les mêmes conclusions de

ces formes grammaticales, examinées avec soin, que des précédentes. Elles ne sont également que les variétés d'un même type ; il est impossible de considérer l'une d'elles comme ayant servi d'original aux autres ; enfin aucune des langues dans lesquelles se présentent ces formes verbales ne possède les éléments dont elles sont composées. Le sanscrit ne peut être considéré comme l'original d'où est dérivé tout le reste, *ainsi que le prétendent plusieurs savants ;* car nous voyons que le grec a dans plusieurs cas gardé une forme plus primitive et comme on dit plus organique que le sanscrit. ἐσμὲς ne peut être dérivé du mot sanscrit *smas*, parce que *smas* a perdu la radicale *a* que le grec a conservée, la racine étant *as* être, et la terminaison *smas* nous, etc...

« Le grec ne peut être pris davantage pour le langage d'où sont dérivés les autres dialectes ; car le latin lui-même n'en est pas dérivé, et a conservé quelques formes plus primitives. par exemple *sunt* au lieu de ἐντί ou ἰνσί, ou εἰσί. Ici le grec a complétement perdu le radical *as*, ἐντί étant mis à la place de ἐσεντί, tandis que le latin a du moins comme le sanscrit gardé le radical *s* dans *sunt*, sanscrit *santi*.

« Tous ces dialectes nous conduisent donc à une langue plus ancienne dont ils sont dérivés comme les dialectes romans le sont du latin. A l'époque reculée où nous font remonter ces inductions, il n'y avait pas encore de littérature pour nous conserver *quelques traces* de cette langue mère qui mourut en formant les dialectes *aryens* modernes, tels que le sanscrit, le zend, le grec, le latin, le gothique, le windique et le celtique. Cependant tout nous porte à croire que cette langue a été autrefois une langue vivante, parlée en Asie par une petite tribu, et à l'origine par une petite famille, vivant sous un seul toit, de même que la langue de Camoëns, de Cervantès, de Voltaire et de Dante fut autrefois parlée par quelques paysans qui avaient bâti leurs cabanes sur les sept collines près du Tibre. Si nous comparons les deux conjugaisons que nous venons de présenter, nous verrons que *les coïncidences entre le langage des Védas et le dialecte parlé aujourd'hui par les Lithuaniens* sont beaucoup plus grandes qu'entre le français et l'italien ; et il suffit de lire la grammaire comparée de Bopp pour voir clairement que les formes essentielles de la grammaire ont été complétement établies avant que les membres divers de la famille aryenne se soient séparés. »

Voilà à l'aide de quels arguments M. Max Muller *suppose,* suivant sa propre expression, qu'il a existé une langue antérieure au sanscrit, d'où seraient sorties toutes les langues indo-européennes.

Notre réponse sera facile, car jamais la linguis-

tique réduite à ses seules forces, c'est-à-dire évoluant
en dehors de la tradition de l'histoire et de l'ethnographie en dehors même de ses propres règles,
comme nous allons le démontrer, n'a présenté sur
une question d'aussi faibles arguments Nous pouvons même dire que ces arguments, portent encore
leur réfutation.

Ainsi, tout d'abord, pour arriver à présenter son
hypothèse sous un jour acceptable, M. Max Muller,
réunissant le groupe des langues romanes issues
du latin, cela est incontestable, suppose le latin
disparu et dit : Comme aucun de ces dialectes n'a
pu servir d'original aux autres, et qu'ils sont tous
les variétés d'un même type, nous serions obligé
de conclure à un type commun disparu, à quelque
langue antérieure, quand bien même le latin ne serait pas là pour accuser sa maternité.

Et il conclut de là qu'il faut tenir le même raisonnement à l'égard des langues indo-européennes, et
leur chercher un type commun antérieur au sanscrit.

L'argument à tous les points de vue manque de
justesse.

Au point de vue de la dialectique pure, de ce que
le latin est le type commun des langues romanes, il
ne s'ensuit pas le moins du monde que le sanscrit
ne soit pas le type commun des langues indo-européennes.

La disparition du latin pour les besoins du raisonnement, est un argument qui se retourne contre la théorie de Max Muller, car on peut lui dire: le latin existe. Eh bien, comment se fait-il que cette langue qui n'a donné naissance qu'à cinq ou six dialectes, se soit conservée, alors que cet indo-européen commun, que vous supposez avoir existé, aurait disparu après avoir donné naissance à une quinzaine de groupes principaux, d'où sont sortis plus de deux cents dialectes. Dira-t-on que cette langue n'avait pas de littérature et que c'est pour cela qu'elle ne s'est pas conservée ?

Nous répondrons avec Bopp et M. Max Muller lui-même, « que les formes de sa grammaire étaient complétement établies avant les émigrations qui l'ont transportée de l'Asie dans tout l'Occident, » et nous demanderons s'il est possible de concevoir qu'une langue aussi féconde, qu'une langue dont la nombreuse postérité est encore pleine de vie, ait pu si bien fixer toutes ses formes grammaticales qu'on les retrouve dans tous ses dérivés, et cela *sans littérature*, c'est-à-dire sans moyen de fixer ces formes.

Cela est complétement impossible, et ce fait ne soutient pas l'examen, en présence de l'histoire logique des évolutions du langage.

Est-ce que le grec, le latin, et, pour prendre un exemple plus près de nous, le français, auraient pu fixer leurs formes grammaticales sans littérature ?...

Est-ce qu'en dehors de la littérature, qui crée, épure, conserve les formes du langage, il est même possible de comprendre l'existence d'une grammaire ?

Pas de littérature le type commun des langues indo-européennes !... Mais alors comment expliquer l'apport, sur le sol européen, non-seulement du langage mais encore de toutes les traditions religieuses et civiles, de toutes les traditions littéraires de l'Asie.

Citez-moi donc, dans l'histoire du passé, une seule langue mère, qui ait non pas parcouru le chemin colossal de l'indo-européen commun, mais simplement donné naissance à une demi-douzaine de langues littéraires et perfectionnées, et qui se soit couché dans la poussière de l'oubli, sans laisser la moindre trace, la plus petite tradition.

Quoi,... cent émigrations diverses ont couvert une partie de l'Asie et toute l'Europe, de peuples d'origine indo-asiatique, parlant tous des langues de même origine, et aucune de ces langues n'aurait conservé un hymne religieux, un chant de guerre, une légende qu'on puisse rattacher à la langue mère ?...

Votre hypothèse du latin disparu est la plus éclatante condamnation de votre système.

Supposons, en effet, pour entrer complétement

dans nos théories, que le latin soit mort après avoir formé les six dialectes romans, que rien ne nous soit resté, ni une page de Virgile, ni une ode d'Horace, ni un discours de Cicéron qui nous missent à même de reconstituer cette langue, est-ce que nous en ignorerions pour cela l'existence; est-ce que l'italien et le français des premiers siècles, pour ne citer que ces deux langues, ne sont pas pleins de traditions de toute espèce empruntées à la langue mère?... Nous pouvons supposer jusqu'à un certain point que le latin aurait pu disparaître comme langue, mais comme toute supposition doit être logique et d'accord avec l'expérience qui résulte des faits, il nous est impossible de supposer que les six langues romanes auraient pu se former sans conserver le souvenir de leur ancêtre, et de fait ces dialectes n'ont vécu à leur début que de la tradition latine, ne se sont formés que par la littérature latine.

Donc au lieu de conclure de l'hypothèse de Max Muller, qu'il faut *supposer* l'existence d'une langue indo-européenne disparue, comme on supposerait l'existence du latin *s'il était disparu*, nous dirons qu'il faut rechercher parmi toutes les langues indo-européennes, quelle est celle qui résume en elle toutes les traditions linguistiques, historiques et littéraires, et la proclamer *langue mère, type commun*, de même que l'on proclame le latin *langue mère, type commun*, *des langues romanes*, parce qu'il résume en lui toutes les traditions, linguistiques, historiques et littéraires de ces langues.

Les langues qui parviennent à fixer complétement leurs formes, ne disparaissent point aussi facilement de la scène du monde, et c'est en cela que la supposition du professeur d'Oxford pèche contre la logique et l'expérience des faits.

Pour nous montrer que l'indo-européen commun a pu disparaître, il suppose le latin disparu... sans voir que l'*impossibilité* de cette disparition totale devient un argument, contre la *possibilité* de la disparition de cette langue colossale qui a formé tous les idiomes indo-européens.

Nous savons bien que pour les besoins de la cause, on rapetisse cet immense fait linguistique et historique, on suppose (toujours des suppositions) que cette langue a été parlée autrefois *par une petite famille vivant sous un seul toit* suivant l'expression même de Max Muller, et on espère ainsi faire comprendre comment cette langue a pu ne pas laisser de littérature; mais sur ce terrain l'école allemande tombe dans le ridicule, car : ou bien cette langue *parlée par une petite famille vivant sous un seul toit* n'a point fixé ses formes, est morte sans littérature, et alors on ne saurait comprendre comment toute l'émigration indo-européenne a pu la parler et la transporter à des époques différentes, dans les différentes parties du globe, qu'elle a successivement colonisé. Ou bien cette langue s'est développée, a fixé ses formes (et elle n'a pu les fixer que par la littérature) est devenue la langue de la vieille civilisation indoue, qui a illuminé le monde ancien et le monde moderne, et alors tout devient clair dans le double fait linguistique et historique qui nous occupe, et l'apport des langues et des traditions indoues sur notre sol n'a plus rien qui étonne, ni le linguiste, ni l'historien, ni l'ethnographe.

L'argument « de la petite famille » est un pur germanisme.

Un dernier mot :

Le latin n'est qu'une langue mère du second degré ; il suffit en effet de rapprocher les formes de son verbe auxiliaire, de celles du même verbe de son ancêtre sanscrit, pour être persuadé de cette vérité.

	Sanscrit.	*Latin.*
Je suis,	ásmi,	sum.
Tu es,	asi,	es.
Il est,	asti,	est.
Nous sommes,	smas,	sumus.
Vous êtes,	stha,	estis.
Ils sont,	santi,	sunt.

M. Max Muller peut se tranquilliser. Les langues romanes ont conservé non-seulement leur *mère*, mais elles ont encore le bonheur de posséder leur aïeule.

Nous arrivons maintenant au seul argument direct donné par M. Max Muller pour prouver que le sanscrit ne peut être le type commun indo-européen.

Rappelons d'abord cette partie de notre citation :

« Le sanscrit ne peut être considéré comme l'original d'où est dérivé tout le reste, *ainsi que le prétendent plusieurs savants* : car nous voyons que le grec a dans plusieurs cas, gardé une forme plus primitive, et comme on dit, plus organique que le sanscrit. Ἐσμές (nous sommes) ne peut être dérivé du mot sanscrit *smas* (nous sommes), parce que *smas* a perdu la radicale *a* que le grec a conservée, la racine étant *as*, *être* et la terminaison *mas*, nous... »

Pour bien se convaincre de la *singularité* de cette argumentation, il faut remettre en présence les formes du verbe auxiliaire *être* dans les deux langues, et voir ainsi quelle est celle qui a le mieux conservé la forme organique de la racine *as*, être.

	Sanscrit.	*Grec.*	
Je suis	ás-mi	ἐ-μμί	(é·mmi)
Tu es	ás-i	ἐσ-σί	(és-si)
Il est	ás-ti	ἐσ-τί	(és-ti)
Nous (deux)			
Sommes	's-vás		
Vous (deux)			
Êtes	's-thás	ἐσ-τον	(és-ton)
Ils (deux)			
Sont	's-thás	ἐσ-τον	(ês-ton)
Nous sommes	's-más	ἐσ-μες	(ès-més)
Vous êtes	's-thá	ἐσ-τε	(ès-té)
Ils sont	's·anti	ἐ-ντί	(è-nti)

Comment M. Max Muller peut-il prétendre que le grec a gardé plus purement que le sanscrit la racine organique *as*, être, alors au contraire que le sanscrit *seul* l'a gardée dans toute sa pureté.

Lorsque le sanscrit dit dans les trois premiers temps :

As-mi, as-i, as-ti,

Le grec, changeant la radicale *a* en *é*, dit :

É-mmi, è-ssi, è-sti.

Remarquons de plus qu'au premier temps, le grec ne dit pas :

Ès-mi[1], mais e-mmi, changeant non-seulement l'*a* de la racine *as* en *e*, mais perdant complétement la lettre *s* de cette racine.

Quant aux formes sanscrites 's-mas, 's-tha, 's-anti qui négligent l'*a* de la racine, elles indiquent l'*a* disparu par l'accent placé devant la seconde lettre du radical 's, et ces formes ne sont qu'une modification logique fort commune en sanscrit, 's-mas pour as-mas. La racine est modifiée et non transformée, tandis que le grec à aucuns temps ne possède la racine pure *as*, et manque complétement de logique quand il s'avise de la modifier, comme dans èmmi et ènti (ἐμμί, ἐντί) où *as* n'est plus représenté que par *è*.

È pour *as*, n'est pas une modification, c'est une transformation totale de la racine, pour mieux dire cette forme n'a plus rien de la racine primitive.

De tous les dialectes cités par Max Muller :

Sanscrit......	—	a's-mi	je suis
Lihuanien....	—	es-mi	—
Zend.........	—	a·hmi	—
Grec dorien..	—	e-mmi	—
Vieux slave..	—	yes-me	—
Latin........	—	s-um	—
Gothique.....	—	i-m	—
Arménien....	—	e-m	—

[1]. Forme dorique.

Le sanscrit est le seul qui ait conservé dans son verbe auxiliaire *être* la forme organique de la racine *as*, et dans cet exemple, destiné à le combattre, il se trouve qu'il représente le véritable type primitif, le type commun de toutes les autres langues.

Tous les faits linguistiques que l'on pourrait citer à l'encontre du sanscrit n'ont pas plus de valeur que celui que nous venons de combattre; nous avons vu du reste, dans le précédent chapitre , sur quelles faibles bases reposent les prétentions allemandes à l'exhumation de cette langue qui se serait éteinte , épuisée par sa propre fécondité.

Une dernière observation, et nous clorons cette discussion peut-être un peu longue, mais qui était d'une nécessité absolue pour démontrer que le véritable instrument de transmission de toutes les traditions indo-européennes est bien le sanscrit , et qu'il faut renvoyer dans le domaine de l'exégèse d'imagination la création d'un type antérieur à cette langue, type qui, s'il a existé, n'a pas laissé la moindre trace qui puisse se permettre une constatation scientifique.

Le but des Allemands, nous l'avons déjà dit, est de faire parvenir directement sur leur sol et la langue et la civilisation, en repoussant la maternité de l'Inde, ils se prétendent les frères immédiats des envahisseurs de l'Inde ; pendant qu'une portion de leur race descendait vers le sud, eux apportaient la civilisation aux contrées d'Occident..., sous prétexte de science, les gens du pays de la bière ne soulèvent qu'une vulgaire querelle de race.

Nous désirons terminer ces considérations en signalant, une fois de plus, les procédés du raisonnement germanique.

Après avoir conclu à l'existence d'une langue antérieure au sanscrit, sous prétexte que ce dernier n'aurait pas conservé certaines formes organiques, que seul au contraire il possède dans toute leur pureté (nous n'avons examiné que la forme de la racine *as* parce que notre adversaire n'en citait pas d'autres à l'appui de son axiome), M. Max Muller, dans ses études mythologiques, considère comme prouvé le point en litige, à savoir : l'existence d'un type antérieur au sanscrit, et, partant de là, toutes les formes communes aux diverses langues indo-européennes vont être portées à l'acquit de cet idiome fabuleux.

Étant donné le tableau suivant :

	Sanscrit.	Zend.	Grec.	Latin.	Gothique.	Slavo.	Irland.
Père..	pitar	patar	πατήρ	pater	fadar	....	athair
Mère..	mâtar	mâtâr	μήτηρ	mater		.... mati	mathair
Frère.	bhrâtar	brâtâr	φρατηρ	frater	brôthar	brat'	brothair
Sœur..	svasar	ganhar	....	soror	svistar	sestra	siur
Fille..	duhitar	duhgdhar	θυγάτηρ	....	dauhtar	....	dear

le professeur d'Oxford s'écrie : Comme cela indique bien l'existence d'un type commun disparu.

Nous avouons ne plus comprendre ! Quoi, voilà le
sanscrit qui possède toutes ces formes, dont les
autres ne sont évidemment que de simples dérivés,
et vous sentez le besoin d'imaginer un type commun
antérieur dont il ne reste pas la moindre trace ? Un
type commun dont vous ne pouvez pas ajouter les
formes perdues à ce tableau, pour prouver sa paternité en même temps que son existence ?

Ce procédé s'accentue encore davantage, peut-
être, dans les lignes suivantes, du même auteur :

« Si nous trouvons en sanscrit le mot *poutra*, fils,
et en celtique *paotr*, fils, la racine et le suffixe étant
semblables, quoique aucun des autres dialectes
aryens n'ait conservé la même forme, une telle iden-
tité ne peut être expliquée qu'en supposant que *poutra*
était un mot aryen connu longtemps avant qu'aucune branche de la famille se fût séparée du tronc
commun. »

Ainsi le mot poutra est sanscrit, racine et suffixe
sont sanscrits, le mot passe dans le celtique, et l'on
croirait que notre auteur va conclure à la maternité
du sanscrit ; pas du tout, pour lui ce mot de poutra
appartient à l'idiome aryen disparu... et il va même

jusqu'à dire que ces identités entre le sanscrit et le celtique ne pourraient s'expliquer sans cette *supposition*.

Il y a un moyen bien simple d'éviter toutes ces *suppositions* : Possédez-vous le moindre monument linguistique ou littéraire émané de cette langue supposée ? Non, n'est-ce pas ! Eh bien, tenez-vous-en au sanscrit qui, dans ses formes organiques comme dans ses formes modifiées ou composées, qui peuvent toutes se ramener aux formes simples, suffit à lui seul pour expliquer l'origine du système commun indo européen.

Vos théories pèchent bien plus encore contre l'histoire que contre la linguistique. Car l'histoire n'admet pas les suppositions.

Il est certain que les émigrations grecques, latines, celtiques, slaves, germaniques, scandinaves, etc., n'ont point quitté l'Inde à la même époque, et cependant les mythologies, les panthéons, les croyances religieuses de ces différents peuples sont toutes puisées au même fond indo-asiatique. Toutes ces traditions que l'on retrouve dans les immenses richesses de la littérature sanscrite, n'ont pu se conserver, se transmettre, que par la langue commune à toutes ces émigrations ; cette langue commune n'avait pu arriver à toutes ces conceptions idéales, à tous ces symboles métaphysiques, sans hymnes, sans chants, sans poésies, sans moyen de transmettre les idées d'une génération à une autre, sans littérature en un mot.... Que vient donc faire sur ce terrain *votre langue inconnue*, qui serait morte sans littérature, sans moyen de transmettre ses conceptions, et à qui vous faites jouer le rôle le plus important qu'aucune langue mère ait jamais joué dans le monde?

Chérchez donc une langue mère qui ait disparu sans laisser plus de souvenirs qu'un grain de poussière, après un effort aussi gigantesque.

La langue et la littérature sanscrite sont si bien le lien commun de toutes les traditions linguistiques, mythologiques et légendaires des nations indo-européennes, qu'on ne pourrait les anéantir sans faire immédiatement la nuit sur les origines communes de ces nations.

N'est-ce pas Max Muller lui-même qui a dit :

« Celui qui ne part que du sol de la Grèce et de l'Italie n'atteindra jamais ces profondeurs, n'arrivera pas jusqu'à ces terrains primitifs, jusqu'à ces couches les plus anciennes de la pensée et du langage mythologique... S'il y a une nouvelle lumière à projeter sur la période la plus ancienne et la plus intéressante de l'histoire de l'esprit humain, la période où les noms ont été donnés aux choses, et où les mythes ont été créés, *c'est des Védas seuls que peut venir cette lumière.* »

Cette citation, empruntée à notre adversaire, nous sert de conclusion contre lui-même, car on ne pourrait, après l'avoir combattue, revendiquer plus formellement la paternité du sanscrit.

Si en effet les Védas appartiennent à la période *la plus ancienne et la plus intéressante* de l'esprit humain, à la période où *les noms ont été donnés aux choses*, et où *les mythes ont été créés*, que dire du sanscrit, qui est la langue dans laquelle ces ouvrages ont été écrits, du sanscrit qui est la langue des Védas ?

DEUXIÈME PARTIE

LES LANGUES ISSUES DU SANSCRIT

TYPE COMMUN

DES LANGUES INDO-EUROPÉENNES

DEUXIÈME PARTIE

CHAPITRE PREMIER

IDIOMES INDOUS. — DÉRIVÉS DU SANSCRIT.

Il serait assez difficile de dresser la liste exacte de toutes les langues de l'Inde dérivées du sanscrit, en présence de ce fait qu'il se parle dans cette immense contrée environ cent soixante-quinze dialectes.

Il est possible cependant de ramener à six groupes principaux les différents idiomes qui doivent leur origine à la langue des brahmes. Cinq de ces groupes appartiennent au nord et un au sud.

Ce sont, pour le nord :

1º Les dialectes du Pendjàb, au nombre de quinze environ ;

2º Les dialectes du Canoudj, au nombre de huit ;

3º Les dialectes de Behar, au nombre de onze ;

4º Les dialectes du Bengal, au nombre de sept ;

5° Les dialectes du Gouzerat, au nombre de neuf.

Pour le sud :

6° Les dialectes du pays Mahratte, au nombre de quatre.

Nous ajouterons à cette liste un septième groupe, que nous appellerons : groupe mixte d'Orixa et de Coromandel.

Les dialectes de la côte d'Orixa sont, à la vérité, au point de vue de leur construction grammaticale, des dérivés du tamoul, mais ils ont fait au sanscrit des emprunts si considérables que, selon l'expression de l'illustre Wilson, « si on en retranchait les mots sanscrits, ils n'existeraient plus. » On en pourrait presque dire autant du telinga. Les autres dialectes tamouls, quoique plus indépendants, ont cependant subi l'influence du sanscrit dans une assez large proportion ; ainsi on peut dire que ces dialectes ont reçu des mots de la langue sacrée à peu près dans la même rapport que l'anglais en a reçu du latin. Les langues dravidiennes sont donc également des tributaires de la langue sacrée ; malgré leur apparente indépendance initiale, il n'est même point prouvé qu'elles ne puissent pas se rattacher plus étroitement encore aux formes primitives du sanscrit.

Pendant longtemps on a fait venir de l'Égypte ces bandes errantes appelées en France tsiganes ou bohémiens, en Angleterre gypsies, en Suède et au Danemark tartares, en Espagne gitanos, en Allemagne zigeuners, en Italie et en Turquie zingari, mais l'étude de leur langage les a rattachées à la grande famille indoue ; il a même été possible, en examinant l'état présent de leur lexique au point de vue des éléments étrangers qui s'y rencontrent, de tracer la route qu'elles ont parcourue de l'Inde en Europe.

D'après M. Miklosich, de Vienne, qui s'est livré à une étude approfondie du dialecte des tsiganes, le fond de cette langue est un prakrit corrompu. — Le prakrit est le dérivé le plus direct du sanscrit, ou plutôt c'est le sanscrit vulgaire, qui était à la langue sacrée ce qu'était le latin du paysan du Latium, du soldat des cohortes, au latin de Cicéron et de Tacite. — Ce savant a établi, d'une manière indiscutable, par les emprunts faits par les tsiganes, aux langues des différents pays qu'ils ont parcourus, que ces nomades, partis de l'Inde par l'Indus, ont traversé la Perse, l'Arménie, l'Asie-Mineure, la Grèce, la Roumanie, la Hongrie, la Bohême et la Moravie, l'Allemagne, la Pologne, la Lithuanie, la Russie, les pays Scandinaves, l'Italie, le pays Basque, l'Angleterre, l'Écosse, et en dernier lieu l'Espagne.

La France qui les accueillit mal ne fut jamais considérée par eux que comme un lieu de passage.

On peut dire que c'est la route qu'avaient suivie plusieurs milliers d'années avant, les émigrations indoues qui étaient venues coloniser l'Europe.

Les derniers émigrants trouvèrent la place prise ; appartenaient-ils à une caste trop inférieure pour qu'ils pussent se fondre dans les colonisations précédentes? doit-on penser, au contraire, eu égard à la date relativement récente de leur départ, que les populations européennes qu'ils venaient visiter, ne les accueillirent point comme des frères, car elles avaient depuis longtemps perdu le souvenir de leur origine indoue? Toujours est-il que ces émigrants qui errent en Europe depuis sept à huit siècles, par fractions de tributs, sans se fixer nulle part, sans se soumettre à aucunes lois, parlent une langue originaire du Gange et de l'Indus, une langue qui, quand on la connaîtra mieux encore, quand on lui aura restitué ses formes primitives, occupera une des places les plus importantes dans le système du parler indo-européen. La plupart des langues du nord de l'Indoustan n'ont aucune littérature originale ; elles ne font que paraphraser, imiter, copier le passé, puisant dans l'immense dépôt des richesses littéraires sanscrites ; elles ont cependant pour elles leur incontestable antiquité, puisqu'elles ne sont qu'une transformation des vieux dialectes issus du sanscrit, tandis que l'indoustani, qui a reçu les hon-

neurs du Collége de France, est une langue des plus
modernes, sans caractère, sans originalité, qui s'est
formée de pièces et de morceaux empruntés au persan, à l'arabe et à la plupart des idiomes du nord
de l'Indoustan ; son écriture est celle de l'arabe lé-
gèrement modifiée, sa littérature ne se compose que
d'imitations ; et quoique puisse dire M. Garcin de
Tassy pour nous la faire prendre au sérieux, il n'em-
pêchera pas tous les indianistes, — même ceux qui
ne l'avouent point, — du penser que cette langue ne
représente pas les idiomes du nord de l'Inde et ne
méritait pas une chaire officielle. Cette langue est
aux véritables dialectes indous, ce que la langue
franque est aux langues européennes du bassin de
la Méditerranée. C'est le parler des marchands musulmans et des colporteurs des bazars indigènes.

CHAPITRE II

GROUPE SPÉCIAL DES IDIOMES IRANIENS
DÉRIVÉS DU SANSCRIT.

Notre intention n'est pas, après avoir établi, à l'aide du sanscrit, les formes générales du parler indo-européen, de consacrer une étude spéciale à toutes les langues qui se rattachent au système convenu ; nous nous bornerons donc en les classant, d'après leur ordre d'antiquité, à donner quelques détails historiques sur chacune d'elles.

Nous suivrons, pour les langues iraniennes, la classification très-intelligente de M. Hovelacque, qui indique exactement dans les lignes suivantes l'état scientifique de la question :

« La classification des langues *éraniennes* n'est pas encore établie. Il se peut qu'un très-petit nombre d'entre celles de ces langues que nous connaissions ne soient pas alliées les unes aux autres en ligne directe. A coup sûr il n'en est point parmi elles qui puissent se vanter d'avoir été la mère commune de toutes les autres ; le vieux perse l'emporte parfois sur le zend, parfois le zend l'emporte sur le vieux perse. La seule classification qui semble admissible lorsqu'il s'agit des langues *éraniennes* est celle qu'on peut emprunter au temps même où elles ont été parlées. Ainsi, on classera au rang des *anciennes* langues *éraniennes*, le *zend*, le *perse* et l'*ancien arménien* ; au rang des langues *éraniennes* du moyen-âge : le *huzvâreche*, le *parsi* et l'*arménien* classique plus récent, l'*afghan*, le *baloutche*, le *kourde*, l'*ossète* et quelques autres dialectes. »

On remarquera que notre auteur emploie le mot d'*éranien* au lieu de celui d'*iranien* que nous avons adopté nous-même. D'après lui, la première expression serait beaucoup plus correcte que l'autre.

Nous regrettons de ne pas partager son opinion, et cela par des motifs identiques à ceux qu'il invoque, des motifs de pure correction. Le nom donné à ces langues vient sans aucun doute de celui de la contrée où elles se sont parlées, et de même qu'on ne dit pas l'Eran mais bien l'Iran, on doit dire langues iraniennes et non langues éraniennes.

CHAPITRE III

LE ZEND

Le zend [est une des langues les plus anciennes
de la haute Asie. Il se parlait dans les contrées de
l'est de l'Iran, limitées, d'après Eugène Burnouf, au
nord par la Sogdiane, au nord-ouest par l'Hyrcanie,
au sud par l'Arachosie. C'est à deux Français que le
monde savant doit l'exhumation de cette langue de
Zoroastre que bien peu de prêtres parsis peuvent
comprendre aujourd'hui, bien qu'ils s'en servent
dans leurs cérémonies religieuses. Le premier est
Anquetil Duperron, frère de l'historien. Un goût
naturel l'avait poussé vers l'étude de l'hébreu, de
l'arabe et du persan, lorsqu'un jour, entraîné par
le désir d'étudier les mystérieuses civilisations de
l'Extrême-Orient, il s'engagea comme soldat dans
un régiment qui partait pour Pondichéry ; s'étant
fait [libérer, il se dirigea sur la côte Malabare où,

s'étant lié avec les Guèbres, il apprit d'eux le zend et le pehlvi, et publia à sa rentrée en Europe une traduction du Zend-Avesta et une version persane abrégée des Védas; il avait rapporté également une grande quantité de manuscrits qu'il donna généreusement à la bibliothèque royale. La continuation de son œuvre est due à Eugène Burnouf, ce philologue de génie, qui appliqua à l'étude des langues disparues cette saine et sévère méthode scientifique, entrevue déjà par Volney et d'où est sortie la linguistique moderne.

En pillant, sans crier gare, l'héritage de ces trois hommes, Volney, Anquetil Duperron et Eugène Burnouf, les Allemands prétendent avoir posé les véritables bases de la philologie comparée.

Il est hors de doute que le zend fut le langage sacré de l'Iran; employé dans les hymnes, la poésie lyrique et les hautes sciences, il n'a dû être parlé que par les classes élevées.

Sa parenté avec le sanscrit est indiscutable, bien que son écriture alphabétique paraisse être d'origine sémitique.

Disons, en terminant, que le nom de Zend, appliqué à cette langue, est impropre quoique consacré par l'usage, c'est le nom du grand ouvrage religieux des Parses, le *Zend-Avesta*, et non celui que devait porter le langage dans lequel il a été écrit.

CHAPITRE IV

L'ANCIEN PERSE. — UNE OPINION SUR LES CUNÉIFORMES

Nous ne connaissons cette langue que par quelques inscriptions conservées sur les ruines des vieux palais Achéménides ; c'est encore à un Français, l'immortel Burnouf, dont nous avons parlé au chapitre précédent, que l'on doit le déchiffrement des caractères du vieux perse qui avaient échappé jusque-là à toute tentative d'interprétation, ainsi que la reconstitution grammaticale de cette langue perdue.

Les diverses inscriptions qu'il eut en sa possession, ne lui fournirent guère plus de cinq cents mots ; sans se laisser abattre par des difficultés jusque-là insurmontables, il se mit au travail, et de même que Georges Cuvier, avec quelques débris végétaux et animaux, retrouvait, à peu près vers la même époque, un monde naturel disparu, Eugène

Burnouf déchiffrait des caractères dont nul n'avait la clef, reconstituait une langue oubliée, et comparant sa grammaire à celle du zend et du sanscrit, assignait à cette langue sa véritable place dans la grande famille des idiomes indo-européens issus de la langue sacrée des brahmes.

L'écriture de l'ancien perse est cunéiforme. Et cela n'a rien qui doive nous étonner, car, selon nous, le caractère cunéiforme est l'ancêtre de tous les caractères de l'Extrême-Orient. Nous nous réservons de donner à cet égard, dans un mémoire spécial, toutes les preuves que nous avons pu obtenir des pundits de l'Inde et par nos propres recherches; qu'il nous suffise d'établir aujourd'hui, afin de faire prendre date à cette opinion et de nous en assurer la paternité dans le monde scientifique , les propositions de ce mémoire auquel nous travaillons depuis de longues années.

1° De même que toutes les langues ont passé par l'état rudimentaire du monosyllabisme pour arriver à l'agglutination, puis à la flexion, tous les modes d'écritures ont eu un état rudimentaire qu'il s'agit de rechercher et de définir.

2° Toute écriture à l'état d'enfance est idéographique, c'est-à-dire exprimant une idée ; par le progrès elle devient phonétique, c'est-à-dire exprimant un son.

3º La première tentative d'écriture phonétique s'est faite à l'aide de simples barres droites, inclinées à droite ou à gauche, dans tous les degrés compris entre la ligne horizontale et la ligne verticale, c'est ainsi que, encore aujourd'hui, on apprend à écrire aux enfants ; ce début si simple est fatal ; toute science, même celle de l'écriture, devant forcément passer par l'état simple pour aller à l'état composé.

4º Ce passage de l'état idéographique à l'état phonétique, a eu lieu dans un état de civilisation déjà relativement très avancé, et l'on s'est servi, pour figurer les caractères phonétiques, de l'objet le plus vulgaire, de l'objet qui se trouvait dans toutes les mains, c'est-à-dire du clou à tête triangulaire dont on se sert encore dans tout le sud de l'Inde, qui repousse énergiquement les importations européennes.

5º Au point de vue historique, cette opinion a pour elle l'autorité des pundits, ou brahmes savants, du sud de l'Indoustan, qui se bornent à constater un fait de tradition, auquel ils n'ajoutent aucune importance, s'intéressant peu à ces questions d'écriture qui passionnent la science européenne, mais qui les laissent complétement indifférents. Il ressort de là qu'ils n'ont pu inventer cette tradition.

6° Il y a dans l'Inde et notamment dans la pagode de Chelambrum, des planchettes de granit noir, sur lesquelles sont indiquées toutes les transformations, très-simples du reste, qu'ont subi les signes cunéiformes pour arriver aux signes devanagari actuels. Nous en possédons une copie que nous publierons.

7° Nous avons vu nous-même dans le Carnatique, les brahmes apprendre à écrire aux petits enfants avec des clous, arrangés en signes, avant de leur confier une feuille de palmier et un stylet, comme ils leur apprenaient à compter avec de petits coquillages nommés *cauris*, avant de leur indiquer les signes des nombres.

CHAPITRE V

L'ARMÉNIEN.

L'Arménien appartient sans conteste à la grande division des idiomes indo-européens, issus de la langue sacrée de l'Inde.

« Il semble, dit l'éminent linguiste dont nous suivons la classification, sans adopter cependant ses idées d'école [1], que l'arménien se soit distingué de très-bonne heure du reste des langues éraniennes; il occupe en tous cas une place particulière dans la famille éranienne, une place un peu indépendante. De l'ancienne période de l'arménien nous ne savons que fort peu de chose, particulièrement ce que les auteurs classiques nous en ont transmis. Cette première période prit fin au commencement du

[1]. M. Hovelacque.

ve siècle de notre ère. La période de l'arménien classique commence à cette époque. Mesrob créa alors l'alphabet arménien, qui procéderait avec l'alphabet géorgien, dit M. Frédéric Muller d'une forme sémitique, notamment de l'écriture araméenne. L'âge d'or de l'arménien dura sept cents ans environ, et ne prit fin qu'au commencement du xiie siècle. Sa littérature fut féconde, ses dialectes assez nombreux et l'un d'eux, celui de la province d'Ararat s'éleva bientôt à l'état de langue littéraire. Celle-ci, tout au contraire, a paru se fixer, et les dialectes actuels ne sont que des formes plus modernes des anciens dialectes..... Parmi tous les idiomes néo-éraniens actuellement parlés, l'arménien est celui qui, par la conservation relative de ses formes, se rapproche le plus du type commun de toute la famille. Quant à son lexique, il contient comme celui de toutes les langues éraniennes modernes un nombre assez notable de mots étrangers... Mais le fond même du vocabulaire est bien éranien, comme l'est d'ailleurs la grammaire tout entière.

« L'arménien a été écrit jadis sinon d'une façon constante, au moins dans certains documents, en caractères cunéiformes. On a trouvé des inscriptions de cette espèce dans les ruines d'Armavir notamment, non loin du mont Ararat. »

De ceci nous retiendrons deux faits :

Le premier c'est que l'arménien, malgré les modifications que lui ont fait subir les siècles, et bien qu'il ait donné naissance à plusieurs dialectes, se rapproche même encore aujourd'hui tellement du type commun des vieilles langues de l'Iran et par le fond de son vocabulaire, et par sa grammaire, qu'il est impossible de méconnaître son origine indoue,

Le second, c'est que l'ancien arménien s'est écrit jadis en caractères cunéiformes.

Ceci vient au secours de l'opinion que nous venons d'émettre au sujet de l'écriture primitive de toutes les langues asiatiques, écriture qui partout aurait débutée par les cunéiformes.

Il est intéressant de remarquer en parlant de ces caractères, à quel point leur étude démontre la logique des transformations progressives et parallèles à celles du langage dont nous avons parlé. Ainsi l'alphabet assyrien offre un mélange de caractères idéographiques et phonétiques qui indique une tentative de simplification des plus accentuées, c'est la marche de l'écriture, du signe idéographique pur au signe phonétique, mais le progrès ne se réalise complétement que dans l'alphabet iranien, qui, en restant cunéiforme, devient entièrement phonétique, c'est-à-dire n'exprimant plus que des sons.

Depuis longtemps les alphabets sanscrits avaient

subi cette tranformation, et arrivant à la combinai-
son des signes, avaient fait fléchir les barres ou lignes
simples des cunéiformes et obtenu une écriture
moins rudimentaire.

C'est par le même procédé que le zend, l'arménien
et la plupart des autres langues iraniennes, aban-
donnèrent ou plutôt transformèrent le cunéiforme.

CHAPITRE VI

LE PEHLVI OU HUZVARÈCHE.

Une traduction de Send-Avesta, le Boundeech ou
livre cosmogonique des Parsis, et quelques inscriptions de médailles, composent tout ce qui nous reste
de cette langue à ce point oubliée que la science n'a
pas encore pu établir d'une manière certaine la contrée ou elle s'est parlée.

On trouve dans cette langue de tels emprunts aux
idiomes iraniens et arabes que l'on a hésité tout d'a-
bord à lui donner une place dans la grande classification des langues indo-européennes. Mais une
étude approfondie·de ses formes grammaticales,
principalement de ses verbes composés, formes que n'a
pas connues le sémitisme, n'a pas tardé à démontrer
que ce parler appartenait au groupe des idiomes
iraniens.

Appelée d'abord Pehlvi par E. Burnouf et les orientalistes de son époque, cette langue a reçu depuis, de l'école allemande, le nom de Huzvârèche.

Rien absolument ne légitime ce baptême allemand, si ce n'est que les savants de cette contrée ont l'habitude de déguiser ainsi leurs annexions scientifiques. On ne saurait trop blâmer ces coutumes, nous devrions dire ces manies, qu'ont certains érudits de changer constamment les appellations en usage, au grand détriment de l'étude et surtout de la vulgarisation des idées. De cette façon la langue scientifique change tous les vingt ans, et sans profit pour la science elle-même.

En quoi vingt mémoires entassés pour prouver qu'il faut dire Eraniens et non Iraniens, Huzvârèche et non Pehlvi, seront-ils utiles pour l'étude de ces langues? En parlant du type commun des langues indo-européennes, les Indianistes qui se sont appelés William Jones, Colbrook, Burnouf, disaient *le parler indo-européen*. Après avoir longtemps employé ce terme, les Allemands lui ont substitué un beau jour, celui d'indo-germanique, d'autres savants disent maintenant *le parler Aryaque*.

S'il est vrai que la science ne devrait pas avoir de patrie, en ce sens, que ses conquêtes accroissent le patrimoine commun de l'humanité, les érudits devraient bien s'entendre une bonne fois pour mettre un terme à cette phraséologie toute individuelle, et conserver les noms consacrés par l'usage ou l'autorité scientifique de leurs devanciers.

L'alphabet pehlvi tel que nous le possédons, appartient à la seconde période que nous avons signalée, pendant laquelle l'écriture sortie des langes du cunéiforme n'emploie plus que des signes composés.

CHAPITRE VII

LE PARSI ET LE PERSAN.

Le parsi fut la langue de l'Iran oriental, et il est encore, avec les modifications nécessaires que les âges lui ont fait subir, le dialecte des Guèbres et des Parsis de l'Inde; il s'est conservé sans mélange de formes sémitiques. D'après MM. E. Burnouf, Spiegel et Hovelacque, le Parsi fut d'un usage commun jusqu'au onzième siècle de notre ère, au temps du poëte persan Firdousi.

A l'époque où le Parsi cessait d'être la langue littéraire, un autre dialecte né à côté de lui, issu peut-être de ses ruines, arrivait à maturité et dans le *livre des Rois*, du poëte que nous venons de nommer, se fixait dans la forme classique : ce dialecte est le Persan.

Un des traits spéciaux de cette langue, consiste

en ce qu'elle a abandonné, la vieille déclinaison sanscrite que les autres parlers iraniens de même origine avaient conservée, et remplacé par des prépositions les différentes flexions des cas. Le même procédé se remarque aussi dans la conjugaison. Mais ce sont là des modifications toutes modernes qui n'affectent en rien les formes antiques de la même langue, et malgré quelques emprunts étrangers, faits notamment à l'arabe, le persan, aussi bien que le parsi, est une langue indo-européenne.

CHAPITRE · VIII

DE QUELQUES AUTRES DIALECTES IRANIENS DE MOINDRE IMPORTANCE.

Pour compléter cette classification, il nous reste à mentionner quelques dialectes d'une importance beaucoup moins grande, en ce sens qu'ils ne sont que des dérivés, de troisième et de quatrième ordre même, de la langue primitive.

Ainsi : l'Ossète, qui se rapproche du Parsi, de l'arménien, du Pehlvi, et du Persan.

Le Kourde, qui dérive plutôt des parlers vulgaires issus du Persan que de la langue elle-même.

Le Kourmandj, qui n'est qu'un Kourde corrompu, qui se parle à Mossoul et dans l'Asie-Mineure.

Le Beloutche, qui ne paraît être également qu'une transformation du Kourde, avec adjonction d'une foule de mots arabes.

L'Afghan, qui tient beaucoup plus peut-être des langues indoues modernes, que des langues Iraniennes.

La langue des Caures, qui est un dérivé du Kourde.

La langue des Tâts, dérivée du Persan.

Et enfin probablement, bien que la science n'ait pas complétement éclairci ce point, le Phrygien, le Lycien, le Carien, et en général la plupart des idiomes de l'Asie-Mineure et du Caucase.

On ne saurait contester l'admission de ces dialectes dans la famille des langues indo-européennes; le seul point qui reste à éclaircir pour quelques-uns, est de savoir, s'ils ont eu les anciennes langues iraniennes pour intermédiaires ou s'ils sont des produits plus directs du type commun indo-euro-péen, le sanscrit.

CHAPITRE IX

GROUPE GÉNÉRAL DES LANGUES INDO-EUROPÉENNE .

Nous avons tenu à faire un groupe spécial des langues iraniennes, parce que la parenté indoue de quelques-unes a été longtemps contestée par toute une classe de linguistes qui leur assignaient pour ancêtres les langues sémitiques. Mais tout en les séparant des autres langues, nous avons pensé qu'il était inutile, dans l'état actuel de la science, de comparer leurs formes particulières aux formes générales de la grammaire commune des langues indo-européennes, leur origine ne pouvant plus être discutée aujourd'hui. De plus les contrées où elles se sont parlées et se parlent encore, appartenant à l'Orient, il convenait de leur donner un cadre spécial.

Quand aux langues de la même race, en usage en Europe, elles sont aujourd'hui à ce point étudiées et commentées, que la vieille opinion classique, qui voyait dans les langues grecque, germanique, celtique, slave, des langues primitives sans attaches avec le sanscrit, ne mérite même plus les honneurs de la discussion.

Il suffit pour s'en convaincre de jeter les yeux sur les deux tableaux comparatifs que nous donnons au chapitre suivant.

Max Muller a pu dire excellemment en s'expliquant particulièrement sur les origines grecques : « .... Les origines de la langue, de la pensée, et de la tradition grecque, se retrouvent au delà de l'horizon de ce qu'on appelle le monde classique. Il est étonnant de voir, même de notre temps, des hommes profondément versés dans les études grecques et latines, fermer avec intention les yeux à ce qu'ils savent être la lumière d'un nouveau jour. N'étant pas disposés à étudier un sujet nouveau, et ne voulant pas confesser leur ignorance sur aucune matière, ils essaient de se débarrasser des ouvrages d'un Bopp, d'un Humboldt ou d'un Bunsen, en signalant quelques erreurs, peut-être un mauvais accent ou une faute de quantité... Plus d'un helléniste peut être tenté de dire : pourquoi si nous pouvons dériver θεός de θέειν ou de τιθέναι, sortirions-nous de notre voie et chercherions-nous à le tirer d'une autre racine? Quiconque n'ignore pas les vrais principes de l'étymologie répondra à cette question. »

Après avoir prouvé à l'encontre des hellénistes que les étymologies grecques ne se peuvent expliquer que par le sanscrit, notre auteur élevant la question, termine par ces paroles que nous avons déjà citées, mais que le lecteur nous permettra de lui rappeler, car tous ceux qui s'intéressent à cette exhumation du passé de la haute Asie, qui est à l'ordre du jour de la science actuelle, ne sauraient trop les méditer.

« Celui qui ne part que du sol de la Grèce et de l'Italie, n'atteindra jamais ces profondeurs, n'arrivera pas jusqu'à ces terrains primitifs, jusqu'à ces couches les plus anciennes de la pensée et du langage mythologique... S'il y a une nouvelle lumière à projeter sur la période la plus ancienne et la plus intéressante de l'histoire de l'esprit humain, la période où les noms ont été donnés aux choses, et où les mythes ont été créés, c'est des Védas seuls que peut venir la lumière. »

L'hellénisme, comme inspirateur des vieilles civilisations de l'Orient, est bien définitivement enterré.

CHAPITRE X

NOMS DE NOMBRES ISSUS DU SANSCRIT.

Nous ne pouvons rapprocher les noms de nombres de tous les idiomes issus du sanscrit qui appartiennent à la grande division indo-européenne, la multiplicité des exemples n'ajouterait rien à la preuve aujourd'hui scientifiquement faite de leur origine.

En donnant un exemple tiré des deux langues classiques de l'antiquité, le grec et le latin ; d'une langue du moyen âge, le vieux gothique germain, et d'une langue moderne, le lithuanien, nous voulons simplement montrer aux lecteurs à qui les études de linguistique pure ne sont pas familières, que les derniers partisans du *Panhellénisme*, comme le dit Max-Muller, ne sont disposés ni à étudier un sujet nouveau, ni à confesser leur ignorance.

	SANSCRIT	GREC	LATIN	LITHUANIEN	GOTHIQUE
Un	Ekas	εἷς	Unus	Wienas	Ains
Deux	Dvau	δύω	Duo	Du	Tvai
Trois	Trayas	τρεῖς	Tres	Trys	Threis
Quatre	Kactvaras	τέτταρες	Quatuor	Keturi	Sidvor
Cinq	Panka	πέντε	Quinque	Penki	Fimf
Six	Shax	ἕξ	Sex	Sezeszi	Saihs
Sept	Sapta	επτα	Septem	Septyni	Sibun
Huit	Ashta	ὀκτώ	Octo	Asztuni	Ahtau
Neuf	Nava	ἐννεα	Novem	Dewyni	Niun
Dix	Daca	δέκα	Decem	Deszinet	Taihun
Onze	Ekâdaca	ενδεκα	Undecim	Vieno-lika	Ain-lif
Douze	Dvadaca	δωδέκα	Duodecim	Dwi-lika	Tva-lif
Vingt	Vinsati	εἴκοσι	Viginti	Drvi-dezsimti	Tvaitigju
Cent	Satam	ἑκατον	Centum	Swimtas	Taihund

Toutes ces formes, à part une ou deux du lithuanien et du gothique qui se sont modifiées, peuvent se ramener à une forme commune, celle du sanscrit.

Que deviennent, en présence de ces étranges concordances, l'opinion de certains étymologistes qui repoussent la philologie comparée, — et prétendent qu'il est inutile de fouiller dans la vieille langue sacrée de l'Inde pour en extraire des racines communes à toutes les langues de l'Europe.

Ils oublient que l'histoire du langage se lie intimement à l'histoire des races, et que s'il ne faut pas prendre la linguistique comme unique criterium des sciences ethnographiques, elle est cependant une des plus importantes branches de ces sciences.

CHAPITRE XI

QUELQUES ÉTYMOLOGIES PARTICULIÈRES.

Un long travail de comparaison, n'est ni dans l'esprit ni dans les bornes de ce volume, le lecteur voudra bien cependant nous permettre quelques rapprochements, empruntés soit à des mots issus de la famille, soit à des noms de vêtements, d'instruments et d'animaux domestiques.

Beau-père,	en sanscrit	svasura
	en grec	εκυρος
	en latin	socer
	en gothique	svaihra
	en slave	svekr
Belle-mère,	en sanscrit	svasru
	en grec	ἐκυρα
	en latin	socrus
	en gothique	svaihro

Belle-mère,	en slave	svekrvj
Beau-fils,	en sanscrit	gamâtar
	en grec	γαμϐϝος
	en latin	gener
	en celtique	gener
Belle-fille,	en sanscrit	snushà
	en grec	νυος
	en latin	nurus
	en gothique	snûr
	en slave	snocha
Beau-frère,	en sanscrit	devar
	en grec	δαηρ
	en latin	levir
	en lithuanien	deweri-s
Petit-fils,	en sanscrit	napat
	en latin	nepos
	en germain	neso
Veuve,	en sanscrit	vidhavà
	en latin	vidua
	en gothique	viduvo
	en slave	vedova
	en v. prussien	widdewù
Le père de famille dans le sens de puissant, de maître,	en sanscrit	pati
	en latin	potens et potis
	en lithuanien	patis
	en grec	πόσις

Roi,	en sanscrit	rag forme védique
	en latin	rex
	en gothique	reiks
	en irlandais	réogh
	en gallois	ri
Maison,	en sanscrit	dama
	en grec	δόμος
	en latin	domus
	en slave	domü
	en celtique	daimh
Porte,	en sanscrit	dvar
	en gothique	daur
	en celtique	dor
	en lithuanien	durrys
	en grec	θυρα
	en latin	fores
L'acte de la-bourer,	en sanscrit	ar
Même racine,	en grec	αρουν
	en latin	arare
	en ancien-haut allemand	arau
	en ancien slave	orati
	en lithuanien	arti
	en gaélique	ar
Champs,	en sanscrit	agra
	en grec	αγρος

Champs,	en latin	ager
	en gothique	akr-s
Blé,	en sanscrit	yava
	en zend	yava
	en lithuanien	javai
	en grec	ζεα
Vêtement,	en sanscrit	vastra
	en gothique	vasti
	en latin	vestis
	en grec	εσθης
Navire,	en sanscrit	naus-navas
	en latin	navis
	en grec	ναυς
Bétail,	en sanscrit	pasu
	en zend	pasu
	en grec	πων
	en latin	pecus
	en lithuanien	peku
Bœuf,	en sanscrit	go
	en zend	gâo
	en grec	βους
	en latin	bos
	en lithuanien	gow
	en celtique irlandais	bô
Taureau,	en sanscrit	staura
	en zend	staora
	en grec	ταυρος

Taureau,	en latin	taurus
	en lithuanien	taura-s
Génisse,	en sanscrit	staré
	en grec	στειρα
	en teutonique	stairo
Cheval,	en sanscrit	asva
	en zend	aspa
	en grec	ἵππος
	en latin	equus
	en lithuanien	aszna
Chien,	en sanscrit	svau
	en grec	κυων
	en latin	canis
Brebis,	en sanscrit	avi
	en grec	οἴς
	en lithuanien	avis
Chèvre,	en sanscrit	aga
	en grec	αἰξ
	en lithuanien	ozis
	en celtique g.	aighe
Laie,	en sanscrit	su
	en grec	ὗς
	en latin	sus
	a. h. allemand	sü
	en slave	svinia
	en celtique ir.	suig
Souris,	en sanscrit	musch

Souris,	en grec	μυς
	en latin	mus
	en slave (polonais)	mysz
Mouche,	en sanscrit	maksishka
	en grec	μυῖα
	en latin	musca
	en a. h. allemand	micco
	en lithuanien	musse
	en slave-r	mucha
Serpent,	en sanscrit	sarpa
	en grec	ερπετον
	en latin	serpens

Etc...

Nous n'insistons pas, il faudrait un véritable lexique comparé de ces langues pour faire un bilan complet de tous leurs points de contact. Cette œuvre capitale qui étudierait les formes anciennes et les formes modernes, les transformations particulières et les modifications générales, qui donnerait à chaque langue son âge, et lui rattacherait ses traditions légendaires, religieuses et scientifiques, serait le monument le plus imposant que l'Europe puisse élever à la science de ses origines.

CHAPITRE XII

CLASSIFICATION DES LANGUES OCCIDENTALES INDO-EUROPÉENNES.

Nous avons dit que toutes les langues de l'Occident étaient pour la plupart, aujourd'hui, étudiées à ce point que leur origine indoue, ou sanscrite si on le préfère, était hors de discussion.

Il ne nous reste donc plus avant d'aborder les traditions des védas, et de les suivre dans leur rayonnement sur le globe, qu'à classer la branche occidentale des langues indo-européennes.

Voici cette classification :

Le grec avec tous ses dialectes, c'est peut-être de toutes les langues indo-européennes, celle qui se rapproche le plus du sanscrit.

Le latin et les langues de la même famille appelées groupe des langues italiques.

Le français.

Le portugais.

L'espagnol.

L'italien.

Le provençal.

Le latin.

Le roumain.

Ces sept langues dérivées du latin dérivé lui-même du sanscrit, et rangées sous l'appellation de groupe des langues néo-latines.

L'irlandais.

L'erse.

Le mannois.

Ces trois langues appartiennent à la subdivision gaélique du groupe celtique.

Le breton.

Le gaulois.

Le carnique.

Le gallois.

Ces quatre langues appartiennent à la subdivision bretonne du même groupe celtique. Le carnique et le gaulois sont deux langues éteintes, il ne reste du carnique qu'un lexique du XIIᵉ siècle, et de la seconde que quelques inscriptions.

Le gothique.

Cette langue appartient au groupe des langues germaniques.

Le danois.

Le suédois.

Le norvégien.

L'islandais.

Ces quatre langues appartiennent à la subdivision scandinave des langues germaniques.

Le vieux saxon.

L'anglo-saxon.

L'anglais.

Le bas-allemand.

Le hollandais.

Le flamand.

Ces langues appartiennent à la subdivision dite du bas-allemand, du groupe germanique.

Le haut-allemand.

Cette langue appelée plus simplement l'allemand appartient au groupe des langues germaniques.

Le russe.

Le polonais.

Le ruthène.

Le tchèque.

Le slovaque.

Le serbe avec ses dialectes.

Le bulgare.

Le serbo-croate.

Le slovène.

Ces langues appartiennent à la subdivision slave du groupe des langues germaniques.

Le vieux prussien.

Le lithuanien.

Le lette.

Ces trois langues appartiennent à la subdivision lettique du groupe germanique. Le vieux prussien a disparu depuis environ deux siècles.

L'étrusque.

Le dace.

Le phrygien et ses dialectes appelés langues de l'Asie Mineure.

L'albanais.

Ces langues dont les trois premières n'existent plus que par quelques inscriptions, quoique d'origine indo-européenne incontestable, n'ont pas encore pu être suffisamment étudiées et ne sont par conséquent classées dans aucun groupe spécial.

Telle est, dans le dernier état de la science, la classification qui peut être établie des langues issues soit directement, soit à l'aide d'intermédiaires, du sanscrit, et de même que ces langues appartiennent toutes à la grande famille des langues indo-européennes, tous les peuples qui les ont parlées et qui les parlent encore appartiennent à la grande race indo-européenne.

Ces conclusions ne sont point du goût de certains linguistes et notamment de M. Hovelacque, qui s'exprime à cet égard d'une façon si dogmatique, qu'on ne serait pas fâché de lui voir donner des preuves plus sérieuses que ne l'est d'ordinaire une simple affirmation.

Voici, en effet, comment il présente son opinion :

« S'il est juste de parler de langues indo-européennes, *il est absolument vicieux* de parler d'une race indo-européenne. Une telle race n'existe point, et ceux-là seuls peuvent en disserter, la décrire, et même tracer les frontières, qui n'ont jamais mis les pieds dans un laboratoire d'anthropologie. S'il est certain qu'une langue indo-européenne commune a été parlée jadis en une région quelconque, il n'est nullement certain que les individus parlant cette langue, aient appartenu à une seule et même race. L'indo-européen commun a été formé sans doute dans un centre unique, par des individus parfaitement semblables les uns aux autres ; mais sa période de formation une fois passée, rien ne dit qu'il ne se soit pas étendu sur différentes populations très-étrangères, comme nous avons vu le Latin rustique s'étendre sur les populations du Guadalaviar, de la

Somme, de l'Adige et du Bas-Danube. Bien des hypothèses sont permises à ce sujet. En définitive, il n'y a ici qu'un seul fait bien avéré auquel nous puissions nous en tenir, le fait de l'existence de cette langue commune indo-européenne, abstraction faite de toute question de race. »

Les arguments contenus dans ces lignes, n'ont absolument rien de scientifique ; ils sont une preuve de plus du danger qu'il y a à faire de l'ethnographie avec de la linguistique pure, sans tenir compte, ni de l'histoire, ni des traditions, ni de l'ensemble des coutumes, qu'il est nécessaire d'examiner lorsque l'on veut étudier les origines d'une race.

Et d'abord, que signifie cette déclaration solennelle que celui qui disserte sur la race indo-européenne n'est jamais entré dans un laboratoire d'anthropologie ? Est-ce à dire qu'il y trouverait la preuve qu'une pareille race ne peut exister, en face de quelques douzaines de crânes, classés, mesurés, étiquetés suivant les différences de leur frontal, et de leurs pariétaux.

Il y a des siècles que cette race indo-européenne s'est établie sur le sol de l'Occident ; une partie de ses enfants est allée au nord, l'autre au sud ; d'un côté les neiges, de l'autre le soleil ; est-ce qu'au milieu de ces contrées, de climats si divers, les émigrés asiatiques, obligés de changer leur nourriture, de modifier leurs habitudes de vie, ont pu s'acclimater, sans que de notables changements se soient accomplis dans leur constitution physiologique?

Vos laboratoires d'anthropologie, prennent, je suppose, le crâne d'un Norwégien actuel et celui d'un Indou de l'époque présente, et les voilà de s'écrier : Voyez quelle différence dans l'épaisseur de la paroi osseuse, celle de l'Indou n'a pas moins de quatre millimètres de plus que celle de l'autre ! et ils concluent à deux races différentes, bien que les deux hommes parlent des langues d'une origine commune, et que leurs traditions, le *Kalevala* finnois en fait foi, soient identiques.

Et ils oublient que, depuis des siècles, le Norwégien porte tous ses cheveux, se **couvre la tête** avec de la laine ou des fourrures, **tandis que** l'Indou porte une petite touffe de cheveux, **se rase la tête,** ne se la couvre que les jours de cérémonie, et possède un crâne qui doit résister à un soleil de quarante-cinq degrés, qui tue les Européens qui s'y exposent sans préservatifs.

Croyez-vous que sous le ciel des neiges ou sous le ciel de l'équateur, les enfants de la même mère, trois ou quatre mille ans après **leur séparation,** auront des constitutions identiques, et que ces climats différents, d'une même race au début, ne feront pas,

avec l'aide des siècles, deux races d'apparences physiques différentes ?

Sans m'occuper des différences plus ou moins
importantes que le scalpel peut rencontrer dans les
organes qu'il fouille et qu'il observe souvent chez
des individus de la même contrée et de la même
famille, je dirai que le type antérieur de l'Indou est
le même que celui de l'Européen.

Qu'on me permette de citer à cet égard, un fait
d'observation qui m'a bien frappé.

Il y a douze ans, j'arrivais sur la côte de Coromandel comme juge au siége de Pondichéry ; le len-
demain je commençai mon service ; la salle regor-
geait d'Indous aux costumes bariolés. Comme je
les regardais avec une ardente curiosité, le président, un des hommes les plus savants de la colonie,
se penche à mon oreille et me dit en souriant, —
je cite sa phrase dans toute sa familiarité : — Est-ce
que vous n'êtes pas ici en pays de connaissance?
regardez ces types, comme ils vous ont quelque
chose de déjà vu ; j'y retrouve toutes les physiono-
mies de ma province, et j'ai toujours envie de les
appeler Bernard ou Durand.

Cette interrogation résumait toutes les pensées
qui m'agitaient en ce moment.

Depuis, j'eus l'occasion de voir arriver une ving-
taine de jeunes magistrats dans l'Inde ; comme le

sujet touchait au cœur de mes études, je ne manquai jamais de m'enquérir de leurs impressions de début, et il n'en est pas un qui ne m'ait répondu, tellement le fait était frappant pour des yeux nouveaux et sans opinion préconcue : — Ce qui m'étonne le plus, c'est de voir combien nous ressemblons à ces gens-là.

Il est bon de noter que nous étions dans le sud de l'Inde, en plein pays tamoul, et que ces ressemblances sont encore plus sensibles dans le nord.

Un autre fait, se rapportant, aux modifications physiologiques que le climat peut faire subir, non pas en quelques siècles, mais même en quelques années, aux crânes des Européens revenus au pays des ancêtres.

Un jour débarque dans la même ville un jeune homme de dix-sept à dix-huit ans, amené par un capitaine au long cours. Le nouveau venu s'installe dans une petite maison, au milieu de la cité indigène et, sans se livrer à aucun travail, vit d'une pension de deux cents francs par mois, qui lui est servie par un négociant du pays. Il se murmura dans le pays qu'appartenant à une riche famille de France, il n'avait échappé à des poursuites déshonorantes qu'en raison de son âge, et à condition qu'il s'exilerait dans l'Inde. Il ne tarda pas à se mêler aux Indous des plus basses castes, et à mener une vie d'ivrognerie et de débauche. En quelques jours il mangeait sa pension, avec quelques mauvais sujets qui s'étaient attachés à lui, finit par prendre les vêtements indigènes, et n'eut bientôt plus d'Européen que le nom. On le voyait roulant les bazars, errant sur les routes nu-tête, implorant des passants quelques sous pour continuer à boire.

Cette vie dura quinze ans, il finit par se fracturer le crâne en tombant d'un arbre où il cueillait des cocos.

M. le docteur Huillet, un des plus savants médecins en chef que compte la marine, et dont je ne crains pas d'invoquer le témoignage et les souvenirs, constata avec étonnement une augmentation des plus anormales dans l'épaisseur du crâne de l'individu, et il n'hésita pas à donner pour cause à ce phénomène le genre de vie mené par cet homme depuis quinze ans. Son crâne dénudé, exposé au soleil, avait fini par s'acclimater, et pour s'acclimater, il avait dû prendre des forces de résistance et s'épaissir.

Il est singulier de voir comment certains savants qui s'évertuent dans leur laboratoire d'anthropologie à créer des races différentes, sur les plus légers indices, sont faciles au contraire dès qu'il s'agit de déclarer qu'il n'y a pas de différence entre le singe et l'homme.

M. Hovelacque, qui renvoie ses adversaires au laboratoire, c'est-à-dire presque à l'école, a dit sur ce sujet (Linguistique, page 22) :

« C'est en vain que l'on a cherché dans la comparaison de la constitution anatomique de l'homme et de celle des animaux inférieurs une divergence quelconque, un autre écart que celui du plus au moins. Et cet écart a-t-il été diminué d'une façon considérable, à tous les yeux désintéressés, depuis la découverte des *anthropoïdes africains ?* On peut dire que la théorie sentimentale *du règne humain* se trouve définitivement à bas, et que son discrédit est parachevé. Ni l'évolution dentaire, ainsi que l'a démontré M. Broca, ni les caractères de l'os intermaxillaire, ni la structure des mains et des pieds, ni la constitution et les fonctions de la colonne vertébrale, ni la conformation du bassin et du sternum, ni le système musculaire, ni les faits relatifs aux appareils sensoriaux externes, ni l'appareil digestif, ni les caractères anatomiques ou morphologiques du cerveau ne détachent l'homme des anthropoïdes. »

Ainsi voilà l'*humanité* proprement enterrée au profit de l'*animalité*.

Ne vous rabattez pas pour essayer de relever l'homme, sur la raison, la mémoire, l'imagination, la moralité etc., etc., toutes les brillantes facultés qui sont le propre de l'humanité, M. Hovelacque n'admettra pas cela car il ajoute immédiatement :

« On s'est rejeté alors sur des caractères soi-disant non physiques. Mais il s'est trouvé que les animaux inférieurs possédaient la *prévoyance*, la *mémoire*, l'*imagination*, le *raisonnement*, la *pudicité*, la dose de volonté compatible avec le déterminisme organique, et qu'ils donnaient les témoignages les moins équivoques de *sentiments de pitié, d'admiration, d'ambition, d'affection, d'amour de la domination, d'initiative dans le travail*. »

Voilà ce qu'on veut nous donner comme le dernier état de la science. Tout ce que la vieille humanité a amassé jusqu'à ce jour, n'est que rêve de songe-creux, place aux hommes-singes, place aux laboratoires d'anthropologie, qui extrayent des os et des muscles la philosophie, l'ethnographie et l'histoire nouvelles... Il n'y a pas d'hommes, il n'y a que des animaux.

Voilà à quelles exagérations en arrivent les disciples intolérants de la théorie de Darwin, très-acceptable en elle-même comme base d'étude, impossible à admettre ainsi défigurée.

Si un esprit chercheur, amoureux de la science,

peut admettre que tout évolue dans la nature à l'aide de modifications et de transformations progressives, que tout au moins ce principe étant posé à titre d'hypothèse, il est bon, avant de le rejeter, de l'expérimenter dans le domaine des faits, d'amasser des observations, des matériaux et de léguer la conclusion à en tirer au siècle qui aura fait la lumière sur ces questions, il est impossible, pour qui ne veut pas sortir de la méthode scientifique, pour qui ne veut pas remplacer l'étude l'examen, le fait démontré, par le rêve, les hypothèses et les théories hasardées, d'admettre la complète similitude de l'homme et de l'animal, et surtout d'asseoir toute la science sur cette opinion.

Que l'on ne croie pas que nous exagérions les conséquences du raisonnement de nos adversaires.

Notre auteur, craignant de s'être mal expliqué et supposant qu'on peut lui dire : — Mais enfin vous ne pouvez nier la *moralité* humaine? en arrive jusqu'à nier la *moralité* à l'homme et à l'accorder aux animaux.

Qu'on lise cet étrange passage (Linguistique, p. 26) :

« Nous ne voulons pas nous appesantir sur la prétendue caractéristique (de l'homme) tirée *de la moralité*. C'est un fait avéré qu'elle manque aussi bien chez beaucoup de peuples sauvages, comme nous l'enseigne l'ethnographie, et qu'on la rencontre *évidente, éclatante,* dans les actes d'un grand nombre d'animaux, *au moins d'animaux sociables.* »

Ainsi, rabaisser l'homme au profit de l'animal, tel est le but de certains anthropologistes modernes.

Et il paraît que tout cela s'apprend dans les laboratoires ; aveugles sont ceux qui n'y entrent pas pour se faire initier à ces belles vérités. C'est sans doute là qu'on élève l'*animal moral et pudique?...* Si on le montrait un peu à la foule !

En vérité il est bien difficile de répondre sérieusement.

Puis voyez la légèreté du raisonnement. *Ce sont surtout les animaux sociables* que l'on déclare *moraux.* Or l'animal ne devient sociable qu'au contact de l'homme qui le dresse. Abandonnez en effet à la vie sauvage, le taureau, le cheval, le chien, et ils cessent d'être sociables, — donc comme tous les peuples sauvages que l'etnographie de M. Hovelacque proclame *immoraux* ont néanmoins des animaux *sociables* qui par conséquent sont *moraux,* il s'en suit que le dresseur *immoral,* conduit l'animal dressé à la *moralité.*

Ne venons nous pas de dire qu'on ne pouvait répondre sérieusement !

Est-ce à dire que ce sont là rêves d'ignorants?
.Nullement!

Les hommes qui soutiennent ces théories, sont incontestablement pour la plupart des hommes qui, chacun dans leur spécialité d'étude, médecine, physiologie, anthopologie, linguistique, sont l'honneur de la science française. Leur faiblesse sur le terrain du raisonnement vient de ce qu'ils quittent les spécialités où ils trônent en maîtres, pour conclure hâtivement à l'aide des faits qu'ils découvrent, dans le domaine général de la philosophie qu'ils nient, de l'ethnographie qu'ils accommodent à leurs idées, de l'histoire de l'esprit humain qu'ils veulent refaire avec les creusets de leurs laboratoires.

Amassez des faits, encore des faits, toujours des faits. N'édifiez pas de théorie avant l'heure, quand on tombe dans le système on ne fait plus de la science.

Interrogez par exemple un ethnographe, un voyageur de la nouvelle école, il vous répondra comme MM. Hovelacque et Broca sur le sujet qui nous occupe.

— La moralité manque à la plus part des peuples sauvages.

Retournez-vous du côté du voyageur spiritualiste pur, et il vous dira :

— Nulle part, quelque soit l'état peu avancé de leur civilisation, je n'ai rencontré de peuples entièrement privés de moralité.

C'est que chacun des deux en partant, avait *fait son siége*; chacun appartenait à une secte particulière et d'avance il était décidé, sans s'en douter peut-être, à tout observer d'après un système préconçu, d'après des principes qu'il n'allait pas éprouver, mais constater.

Mais le véritable ethnographe, libre de toute attache d'école, leur dit :

Nommez-nous d'abord les peuplades sauvages dont vous parlez.

Qu'entendez-vous par cette moralité que vous accordez ou refusez aux hommes et que vous prêtez ou déniez aux bêtes?

Sur quels faits indiscutables vous basez-vous ?

C'est parce qu'ils ont oublié cette méthode, c'est parce qu'ils ne veulent pas pratiquer *l'indifférence* scientifique, c'est parce qu'ils se sont d'avance enrégimentés sous un drapeau que, linguistes et authropologistes de l'école que nous attaquons, après avoir admis que toutes les langues indo-européennes sont de la même famille, repoussent ce fait qui découle de toutes les traditions indo-européennes, que les peuples qui les ont parlées et qui les parlent encore sont de la même race.

Ce sont ces traditions que nous allons examiner maintenant, aussi rapidement que le sujet peut le comporter.

TROISIÈME PARTIE

LES TRADITIONS INDO-EUROPÉENNES
LA TRADITION DES VEDAS
SON EXPANSION DANS LE MONDE

TROISIÈME PARTIE

LA TRADITION DES VÉDAS

Avant d'exposer cette tradition, il nous paraît nécessaire de mettre sous les yeux du lecteur quelques-uns des plus beaux hymnes du Rig-Véda dont elle découle.

En les lisant, il se demandera comme nous si de tels chants qui, sous leurs formes mystérieuses agitent les problèmes métaphysiques les plus élevés, sont ainsi que le prétendent certains indianistes, l'œuvre de pasteurs qui les chantaient dans les plaines de la haute Asie en conduisant leurs troupeaux, ou si au contraire, ainsi que nous le soutenons, ils sont le produit de la littérature religieuse de la plus étonnante civilisation des temps passés, civilisation qui après avoir illuminé le monde ancien, est venue par sa langue, sa poésie, ses conceptions philosophiques, ses traditions de toute nature, ouvrir le seuil du monde moderne.

Nous nous inspirons pour cela des beaux travaux de l'illustre et regretté Langlois, qui a vécu dans l'amour et l'admiration de l'Inde, et qui a compris la vieille civilisation brahmanique comme s'il était né sur les bords du Gange.

Nous n'avons pas dans cette traduction toujours admis le sens qu'il avait cru devoir adopter, mais nous devons dire que nous n'avons rien fait de notre propre autorité, ayant en cela suivi aveuglément les commentaires faits par les pundits de l'Inde dont nous avons suivi les leçons.

I

HYMNE A *CELUI*
QUI REPRÉSENTE TOUS LES DIEUX
PAR DIRGHATAMAS.

« Le *Dieu* ici présent, notre fortuné patron, notre sacrificateur, a un frère qui s'étend au milieu de l'air. Il existe un troisième frère que nous arrosons de nos libations de beurre *liquide*. C'est lui que j'ai vu maître des hommes et armé de sept rayons.

**
* **

« Sept rênes servent à diriger un char qui n'a qu'une roue et que traîne un seul cheval qui brille de sept rayons. La roue a trois moyeux, roue immortelle, infatigable, d'où dépendent tous ces mondes.

« Parfois aussi, ce char a sept roues, sept chevaux le traînent, et sept personnages le montent, accompagnées des sept nymphes fécondatrices des eaux.

« Qui donc peut se vanter de l'avoir vu naître, prendre un corps pour en former d'autres à tout ce qui n'en possédait pas? Où était l'intelligence, où était le sang, où était l'âme de la terre? Qui donc a vu ce *Dieu* puissant face à face et a osé lui poser cette question?

« Faible ignorant, je veux sonder ces mystères divins. Pour s'élever jusqu'à la connaissance de ce *premier né* de qui le temps et l'immensité sont émanés, les poètes ont déjà déroulé les sept trames de leurs chants.

« Ignorant et inhabile pour arriver à la science, j'interroge ici les poètes savants. Quel est donc *cet Être* incomparable qui, sous la forme de l'astre immortel, a fondé ces six mondes lumineux ?

« Qu'il le dise l'homme instruit dans le mystère

du *Dieu* fortuné qui traverse les airs. Les vaches célestes prennent le lait de celui dont la tête est si noble ; elles couvrent sa face, et avec leurs pieds elles répandent leur breuvage dans l'espace (les nuages et la pluie, lait de la terre).

*
* *

« Au moment du sacrifice, la *Mère* née par la prière, accueillit le *Père ;* celui-ci qui est l'âme de la prière s'est uni à elle, et la *Mère* reçoit dans son sein le germe du fruit qu'elle doit mettre au monde. Et les prêtres continuent leur sacrifice et leurs chants d'allégresse.

*
* *

« La *Mère* a enfanté et son fruit grandit au milieu des sacrifices, et l'enfant a crié à sa mère, comme le veau mugit après la vache. Il apparaît dans trois états, il revêt trois formes diverses.

*
* *

« Toujours *Un*, quoique ayant trois formes à la double nature (masculine et féminine), il s'élève ! Et les prêtres offrent au **Dieu** dans l'acte du sacrifice leurs prières qui arrivent aux cieux portées par Agni.

***

« La. roue d'Agni pourvue de douze rayons (les douze mois) tourne dans le ciel sans jamais s'arrêter. O Agni, sur ton char peuvent trouver place les trois cent vingt jumeaux blancs (les jours) et les trois cent vingt jumeaux noirs (les nuits).

***

« Leur père reçoit le nom de Pouroucha, quand il se trouve dans la partie méridionale du ciel, où il dirige cinq fractions du temps et douze formes. Dans la partie septentrionale il porte le nom d'Arpita, et sous une forme différente il se meut sur le char qui a sept roues et six rayons.

***

« La roue à cinq rayons tourne donc avec tous les mondes. L'essieu quoique chargé n'est jamais fatigué ; le moyeu est parfaitement attaché et doit durer sans connaître la vieillesse.

***

« Garnie d'une jante immortelle, la roue tourne ; à l'extrémité du joug, sont attelés dix porteurs (dix points cardinaux); l'œil du soleil s'avance couvert de splendeur, par lui s'éclairent tous les mondes.

***

« De ce *Dieu* sont nés six couples de richis, mâles
et femelles, (ce sont les mois); une septième naissance
leur a donné un frère unique (le treizième mois que
l'on intercale dans le système indou, comme nous
avons nos années bisextiles), chacun a sa place dis-
tincte, d'où il dépense ses biens, chacun a sa forme
différemment brillante.

***

« D'autres représentent comme de pieuses femmes
ces richis auxquels j'accorde la double nature.
L'homme qui a des yeux voit ce que ne comprend
pas l'aveugle; l'enfant qui comprend cette distinction mérite d'être le père de son père.

***

« La vache du sacrifice se lève, soutenant son
nourrisson de son pied qui, tour à tour, va de bas en
haut et de haut en bas (image de la chaleur qui
vient du soleil à la terre, et du feu du sacrifice qui
va de la terre aux cieux), agitée et remuante, tantôt
elle sort en s'étendant d'une moitié, ; tantôt elle
s'augmente et se gonfle intérieurement.

***

« Celui qui connaît le père du monde, avec ses

rayons inférieurs, doit aussi connaître tout cet univers, à l'aide des rayons supérieurs. Marchant sur le pas de nos poëtes, qui peut ici célébrer ce *Dieu* d'où est née l'âme du monde?

⁎

« Il est des *êtres*, dit-on, qui viennent vers nous et s'en retournent; des *êtres* qui s'en retournent et qui reviennent. O Indra, ô Soma, les mondes éthérés portent nos œuvres, comme un char son fardeau.

⁎

« Deux esprits, jumeaux et amis, hantent le même arbre : l'un d'eux s'abstient de goûter le *fruit de cet arbre* appelé *pippala*, l'autre le trouve doux et le cueille.

⁎

« Le *Seigneur*, maître de l'univers et rempli de sagesse, est entré avec moi, faible et ignorant et m'a formé *de lui-même*, dans ce lieu où les esprits obtiennent, avec la *science*, la jouissance paisible de ce fruit doux comme l'ambroisie.

⁎

« On appelle donc pippala le doux fruit de cet arbre sur lequel viennent les *esprits* qui aiment la

science, et où les dieux produisent toutes les merveilles. Ceci est un mystère pour qui ne connaît pas
le père du monde.

*   *
*

« Que les poëtes observent et connaissent bien le
sujet mystérieux et immortel qu'ils doivent traiter,
soit dans leurs gayatris et leurs trichtoubles, soit
dans leurs djagatis (mètres différents de vers).

*   *
*

« Avec la gàyatrî se compose l'area, avec l'area le
sâman, avec le trichtouble le vaca, avec le vaca l'a-
nou vaca (hymnes et recueils d'hymnes), les sept
mesures poétiques se composent de l'akchara, qui
forme deux ou quatre pados.

*   *
*

« Avec la djagatî, le poëte consolide l'océan céleste, avec le bathantara il a suivi le soleil dans sa
révolution. La gayatrî a, dit-on, les trois foyers, de
là vient qu'elle l'emporte en force et en grandeur.

*   *
*

« J'invoque donc cette vache féconde. Qu'elle
donne son lait à celui qui doit le recueillir. Que Sà-
vitri obtienne la meilleure des libations; que notre

feu brille d'une nouvelle force ; que ma prière retentisse.

*_**

« L'épouse des foyers d'Agni au milieu des prières mugit après son nourrisson qu'elle recherche et s'approche de lui. Que cette vache donne son lait pour les Aswins, qu'elle croisse pour notre plus grand bonheur.

**_*

« La vache en mugissant vient vers son nourrisson, dont l'œil est à peine ouvert, et lui lèche la tête. Elle étend sur lui sa langue chaude ; son mugissement se prolonge pendant qu'elle lui prodigue son lait.

*_**

« Cependant le nourrisson fait aussi entendre sa voix ; il se couche sur sa nourrice qui mugit toujours, abattue qu'elle est sur le pâturage, et c'est ainsi que, par ses œuvres, la vache du sacrifice parvient à former le dieu mortel ; elle se fait lumière, et lui donne un corps.

*_**

« L'être actif reposait donc ; il revient à la vie et s'établit au sein de nos demeures. Il était mort ; la vie lui est donnée par les libations. L'être immortel était dans le berceau de l'être mortel.

*_**

« J'ai vu le gardien du monde suivant ses voies diverses à son lever, dans sa station inaccessible et à son coucher, tantôt s'unissant aux rayons lumineux, tantôt les quittant, il va et revient dans les mondes intermédiaires.

*_**

« L'homme agit, et sans le savoir n'agit que par ce *maître ;* sans le voir, il ne naît que pour lui. Enveloppé dans le sein de sa mère, et *sujet à plusieurs naissances,* il est au pouvoir du mal.

*_**

« Le ciel est mon père, il m'a engendré. J'ai pour famille tout cet entourage céleste. Ma mère c'est la grande terre, la partie la plus haute de sa surface, c'est sa matrice. C'est là que le père féconde le sein de celle qui est son épouse et sa fille.

*_**

« Je te demande où est le commencement de la terre, où est le centre du monde ; je te demande ce que c'est que la semence du coursier fécond, je te demande quel est celui qui le premier a reçu *la parole divine.*

*
* *

« Cette enceinte sacrée est le commencement de la terre ; ce sacrifice est le centre du monde. Ce soma est la semence du coursier fécond. Le prêtre est celui qui le premier a reçu la parole divine.

*
* *

« Déchirant le sein de leur mère, sept rejetons de Vischnou naissent, prêts à accomplir leur destinée. Sages dans leurs pensées et dans leurs œuvres, ils nous entourent de tous côtés.

*
* *

« Je ne sais à quoi ressemble ce monde. Je suis embarrassé et vois comme *un prisonnier de sa pensée.* Quand le premier né du sacrifice arrive vers moi, alors je prends ma part de la parole sacrée.

*
* *

« Entraîné par le désir des offrandes, de l'Orient il passe au Midi ; l'*Etre* immortel est dans le berceau de l'*Etre* mortel. Les deux esprits éternels vont et viennent partout : seulement les hommes connaissent l'un sans connaître l'autre.

***

« Ces stances portent en tête un titre qui annonce qu'elles sont consacrées aux viswadévas (c'est-à-dire à tous les dieux). Celui qui ne connaît pas l'Etre que je chante dans toutes ses manifestations, ne comprendra rien à mes chants; ceux qui *Le* connaissent ne sont pas étrangers à cette réunion.

***

« O vache respectable, nourrie d'une herbe grasse, sois heureuse et rends-nous heureux ! goûte la douceur d'un bon pâturage, et dans ta course bois d'une onde pure (image de la parole sainte).

***

« La vache, en mugissant, attire les ondes de la libation ; elle se montre sur un pied, sur deux, sur quatre, sur huit, sur neuf. Elle peut avoir telle forme, qu'elle offrira jusqu'à mille mamelles (allusion aux différentes mesures de la poésie destinées à chanter la parole sacrée).

***

« Par elle coulent les ondes célestes, par elle vivent les quatre régions du ciel ; par elle s'ouvrent d'intarissables sources, par elle tout ce monde existe.

« Mais je viens d'apercevoir une épaisse fumée,
sortant de la partie inférieure du foyer; on a répandu
sur le feu le brillant soma. C'étaient là les premiers
devoirs à remplir.

« Nos yeux distinguent trois feux à la belle chevelure. L'un dans l'astre qui roule au ciel, échauffe la
terre. L'autre préside aux sacrifices. Du troisième
nous ne voyons que la voie et non la forme.

« Les enfants des prêtres qui sont instruits connaissent les quatre sujets qu'embrasse la parole
sainte. Les hommes ne distinguent pas trois de ces
sujets mystérieux, volés à ce monde ténébreux. Ils
donnent au quatrième le nom de sourya.

« L'Esprit divin qui circule au ciel, on l'appelle
Indra, Mitra, Varouna, Agni. Les sages donnent à
l'Être unique plus d'un nom, c'est Agni, Yama, Mata-
riswan.

« Mais les chevaux ailés l'emportent sur le char

noir de la nuit, et les vapeurs qui couvrent le ciel. Ils sortent de la demeure d'Agni et la terre est aussitôt arrosée d'un beurre abondant.

« Qui dira ce que c'est que *les douze rayons, la roue unique, les trois moyeux ?* Sur cette espèce de char sont élevés à la fois trois cent soixante écuyers, qui sont en quelque sorte immobiles dans leur mobilité.

« O Saraswati, tu viens de nous ouvrir ton sein fortuné qui renferme tant de choses précieuses, qui contient tant de biens, de trésors, et de présents magnifiques.

« Que les Devas mortels ajoutent sacrifices sur sacrifices : tels sont leurs premiers devoirs. Par ces œuvres généreuses ils obtiennent le ciel où sont les anciens *devas*, les Sadhyas (anciens hommes devenus parfaits et élevés aux cieux).

« L'onde céleste descend égale à l'onde de nos libations. Si les nuages réjouissent la terre, c'est que les feux d'Agni ont réjoui le ciel.

*
* *

« J'appelle à notre secours le Divin, le Grand habitant de l'air, celui qui produit les eaux et les plantes, l'illustre maître des ondes, qui dispense la pluie au moment convenable. »

*
* *

Nous reviendrons sur cet hymne extraordinaire, en appréciant dans leur ensemble tous les chants védiques que nous proposons de donner, et nous démontrerons qu'il contient dans son essence toutes les traditions cosmogoniques et religieuses sur lesquelles vivent les temples et les prêtres, depuis des milliers d'années.

II

HYMNE A AGNI
PAR DIRGHATAMAS.

« Pour celui qui réside dans le lieu saint, qui habite vos demeures, pour le brillant Agni, apporte le foyer, lequel est pour ainsi dire le trône de Dieu. Ainsi que d'un vêtement, couvre de la prière Agni pur et lumineux, au char resplendissant. Agni tue les ténèbres.

*
* *

« Il naît sous deux formes, il reçoit ici-bas une triple nourriture, et cette nourriture ensuite va augmenter le corps de l'astre qui roule autour du monde. Sous une de ces formes, il est près de nous, et il croît de ce que sa langue consomme. Sous l'autre forme, il inonde de rayons bienfaisants ses serviteurs que d'en haut il couvre de sa protection.

« Marquées de teintes noires, et vivement agitées
l'une contre l'autre (les deux tiges de bois frottées
l'une contre l'autre qui produisent le feu), ses deux
mères produisent leur nourrisson, lequel tourne vers
l'Orient sa langue qui, dans sa marche tremblante,
rapide, tortueuse, réclame de grands soins et s'en-
graisse des libations de son père.

« Arrivent les flammes vives et légères, salutaires
à Manou quand il veut poursuivre son œuvre; tra-
çant un noir sillon, s'avançant d'un pas inégal et
pressé, poussé par le vent et précipitant leur course
fougueuse.

« Bientôt Agni prend une forme noire, large,
énorme, ses flammes en tremblant courent çà et là.
De proche en proche il gagne du terrain, soufflant,
frémissant, il s'avance avec bruit.

« Il s'attache aux branches comme la parure au
bras. Il vient en mugissant tel que le taureau qui
court vers ses maîtresses. Il soumet à sa force tous

les corps, et apparaît terrible, insaisissable, ayant l'air d'agiter ses cornes menaçantes.

*
* *

« Agni se concentrant, en se divisant, embrasse les branches et quand une fois ils se sont connus mutuellement, le *dieu* ne les quitte plus. Cependan les flammes s'augmentent, s'élèvent, et changent la face divine des deux aïeuls du monde (le ciel et la terre).

*
* *

· « Ces flammes en se courbant forment autour d'Agni une espèce de chevelure. Tantôt elles semblent se dresser, tantôt tomber et mourir. Agni revient les sauver de leur perte ; il fait entendre son grand souffle et les rappelle à la vie.

*
* *

« Agni dévorant les libations que répand sur lui le maître du sacrifice, prend une vigueur nouvelle et poursuit son triomphe. L'un augmente la nourriture du dieu qui marche toujours (le soleil), l'autre la consomme et laisse après lui un noir sentier.

*
* *

« Agni brille dans nos demeures riches en of-

frandes! qu'on entende ton souffle, généreux Da-
moûnas! brille en répandant tes flammes qui sont
comme tes nourrissons; et pour nous couvrir dans
les combats, deviens notre cuirasse.

« O Agni, que cet hymne que nous avons composé
pour toi, soit à tes regards plus précieux que tel
autre hymne qui n'a pas eu le don de te plaire,
que cette partie de ton corps qui brille pure et lumineuse nous procure les biens que nous désirons.

« O Agni, pour que notre maison traverse heureusement ce monde, tu peux nous donner un vaisseau dont les rames marchent sans jamais s'arrêter,
un vaisseau qui transporte à l'abri du naufrage nos
guerriers, nos princes, notre peuple.

« Agni accepte cet hymne. Sur le ciel et la terre,
que les mers avec leurs ondes impétueuses les reçoivent aussi. Que les rougeâtres aurores nous accor-
dent de longs jours et une heureuse quantité et
d'orge et de vaches. »

Cette hymne célèbre la naissance du feu sous ses

deux formes : dans l'une il préside à la lumière, il est Sourya, il est le soleil « qui inonde de rayons bienfaisants ses serviteurs », et dans l'autre « il brille dans les temples et les demeures et préside aux sacrifices. »

Les deux fêtes du soleil et du feu sacré ont passé dans toutes les traditions religieuses de l'antiquité.

III

HYMNE A AGNI
PAR DIRGHATAMAS.

« Priez-le, il vient, il nous entend, il s'avance plein
de sollicitude, il s'avance rapidement; pour lui sont
les bénédictions, pour lui les offrandes. Il est le maître de l'abondance, de la force, de la splendeur.

*
* *

« Il faut le prier : nul n'est trompé dans son at-
tente, quand il est constant dans sa demande. Une
première, une seconde prière peut être repoussée.
L'homme qui ne se rebute pas doit compter sur la
puissance d'Agni.

*
* *

« C'est pour lui que sont préparés ces vases du

sacrifice ; c'est pour lui que sont composés les hymnes, que lui seul entende toutes vos paroles, il vous comble de biens, il vous met à l'abri du danger, il accomplit les vœux du sacrifice, il vous donne un secours infaillible, il vous aime de l'amour d'un nourrisson, qu'il reçoive et exauce notre prière.

« Quand vous êtes assemblés, il vient près de vous, il voit avec les qualités qui appartiennent à sa nature. Il promet le plaisir et le bonheur à son dévoué serviteur quand ses hymnes viennent le charmer au sein du foyer qu'il habite.

« Telle est la forme qu'a revêtue ce *dieu* désirable et accessible, ce *dieu* qui pénètre dans le bois du bûcher. Le sage Agni, ami de la justice et du sacrifice, a révélé aux mortels ce qui doit leur être utile. »

Dans cette hymne, Agni n'est plus considéré seulement comme le dieu du feu, mais aussi comme l'émanation la plus haute, la plus directe du *Grand Être*, du *Maître souverain*, celui à qui toutes les prières, tous les chants doivent être adressés. C'est le plus grand des trois dieux de la primitive Trinité védique

INDRA — MITRA — VAROUNA

d'où est sortie la Trinité brahmanique, et toutes les triades des mythologies anciennes. L'hymne suivant se rapporte aux deux autres divinités.

IV

HYMNE A MITRA ET A VAROUNA

PAR DIRGHATAMAS.

« Le ciel et la terre se sont rougis des feux du *dieu* adorable et bon, tuteur de tous les êtres (Agni), que par leurs œuvres, leur piété, leurs prières, les prêtres prodiguant leurs offrandes et les invocations, ont imploré dans leurs sacrifices comme le roi des cieux.

*
* *

« Agréez tous deux les présents et le soma (liqueur extraite de l'asclépiade), de Pouroumilha, que nous présentent ces dévots serviteurs, qui sont pour vous comme des amis. Pouroumilha vous appelle Dieu généreux. Écoutez la voix d'un père de famille.

12

*
* *

« Les hommes vous comblent de louanges. C'est à votre force héroïque, ô Dieu généreux, qu'il faut attribuer la naissance du ciel et de la terre, quand vous vous portez vers le feu du sacrifice, quand vous venez prendre la part que vous fait l'homme religieux dans ses invocations et son œuvre pieuse.

*
* *

« Dieu qui donnez la vie, cette enceinte sacrée doit vous être chère, vous aimez le sacrifice, et vous en êtes l'ornement. Du haut du ciel, par un secours puissant et opportun, vous nous aidez à traîner notre fardeau, tel à un char on attèle un taureau.

*
* *

« Vous arrivez avec grandeur sur cette terre, et vous vous approchez de la coupe des libations. Voyez comme ces vaches du sacrifice pures et fécondes brillent dans leur pâturage. On entend leur bruit dans les airs, elles tendent vers le soleil telles que les aurores bienfaisantes.

*
* *

« Pour notre sacrifice les flammes s'élèvent présentant l'apparence d'une belle chevelure. O Mitra et Varouna, daignez venir en ces lieux. Descendez, accueillez nos vœux. Vous régnez sur la prière du sage.

**

« Quand le sage prodiguant et l'offrande et la louange vous honore par ses invocations et ses sacrifices, homme accompli dans la science de prier, alors vous vous approchez de lui, vous agréez ses présents, vous approuvez ses vœux et comblez ses désirs : vous venez vers nous.

**

« O Dieux qui aimez le sacrifice, vous êtes les premiers dans nos offrandes et nos libations, nous sommes unis à vous de cœur. L'hymne et la prière sont d'accord pour vous exalter. Votre âme invincible peut se satisfaire magnifiquement.

**

«Vous recevez de superbes présents, ô Dieux vaillants, vous jouissez d'une opulence, d'une grandeur que relèvent mille prestiges de puissance. Ni les cieux avec les jours, ni les mers ne connaissent rien d'égal à votre divinité, qui mérite les hymnes et les libations qu'on vous adresse. »

V

HYMNE A VISCHNOU

PAR DIRGHATAMAS.

« Je chante les splendeurs de Vischnou qui a
crée les splendeurs terrestres, qui par ses trois pas
a formé l'étendue céleste, Vischnou partout célébré.

*
* *

« C'est pour sa force que je chante Vischnou, re-
doutable comme le lion, semant la terreur sur ses
pas, habitant la hauteur, Vischnou, dont les trois
vastes pas embrassent tous les mondes.

*
* *

« Que ma prière touche vivement ce généreux
Vischnou qui habite la hauteur, et se trouve par-

tout célébré, qui, incomparable, a mesuré en trois pas cette large et longue demeure.

* * *

« Ses trois pas immortels sont marqués par de douces libations et d'heureuses offrandes, c'est Vischnou qui soutient trois choses, la terre, le ciel, tous les mondes.

* * *

« Puissé-je arriver à cette demeure de Vischnou, où vivent dans les plaisirs les hommes qui lui ont été dévoués ! Celui qui fait des libations en l'honneur de Vischnou aux larges pas devient son ami dans cette région supérieure.

* * *

« Nous souhaitons que vous alliez tous deux (les sacrificateurs) dans ce séjour où paissent des vaches légères aux cornes merveilleusement allongées. Là brille la demeure suprême de ce dieu libéral et partout célébré. »

* * *

Vischnou est considéré ici, comme l'émanation de la force créatrice, du grand Être chanté par Dirghatamas dans la première hymne que nous avons donnée. Quand la trinité védique aux noms si mul-

tiples, se sera manifestée dans la période brahmanique, Vischnou deviendra la seconde personne de
cette Trinité, Brahma-Vischnou-Siva, et sera considéré comme celui a engendré le monde du germe
immortel déposé dans son sein par Brahma. Vischnou
sera le principe mère.

VI

HYMNE A LA NUIT ET A L'AURORE.
PAR COUTSA.

« La plus douce des lumières se lève ; elle vient de ses rayons colorer partout la nature. Fille du jour, la nuit a préparé le sein de l'aurore qui doit être le berceau du soleil.

*
* *

« Belle de l'éclat de son nourrisson, la blanche aurore s'avance ; la noire déesse lui a préparé son trône. Toutes deux alliées au soleil, l'une comme sa fille, l'autre comme sa mère, toutes deux immortelles, se suivant l'une l'autre, elles parcourent le ciel, l'une à l'autre s'effaçant tour à tour leurs couleurs.

*
* *

« Ce sont deux sœurs qui poursuivent sans fin la même route ; elles y paraissent tour à tour dirigées par le divin soleil sans se heurter jamais, sans s'arrêter, couvertes d'une douce rosée, la nuit et l'aurore sont unies de pensée et divisées de couleur.

*
* *

« Ramenant la parole et la prière, l'aurore reprend ses teintes brillantes, elle ouvre pour nous les portes du jour. Elle illumine le monde et nous découvre les richesses de la nature ; elle visite tous les êtres.

*
* *

« Le monde était courbé par le sommeil ; tu annonces que le temps est venu de marcher, de jouir de la vie, de songer aux sacrifices, d'augmenter sa fortune. L'obscurité régnait. L'aurore éclaire au loin l'horizon et visite tous les êtres.

*
* *

« Richesse, abondance, honneurs, sacrifices : voilà des biens vers lesquels tout ce qui respire va marcher à la lumière de tes rayons. L'aurore vient visiter tous les êtres.

« Fille du ciel, tu apparais, jeune, couverte d'un voile brillant, reine de tous les trésors terrestres; aurore, brille aujourd'hui, fortunée pour nous.

« Suivant le pas des aurores passées, tu es l'aînée des aurores futures, des aurores éternelles. Viens ranimer tout ce qui est vivant. Aurore, viens vivifier ce qui est mort.

« Aurore, c'est toi qui allumes le feu du sacrifice; toi qui révèles au monde la lumière du soleil; toi qui éveilles les hommes pour l'œuvre sainte. Telle est la noble fonction que tu exerces parmi les dieux.

« Depuis combien de temps l'aurore vient-elle nous visiter? Celle qui arrive aujourd'hui imite les anciennes qui nous ont lui déjà, comme elle sera imitée de celles qui nous luiront encore; elle vient à la suite des autres briller pour notre bonheur.

« Ils sont morts les humains qui voyaient l'éclat de l'antique aurore; nous aurons leur sort, nous qui voyons celle d’aujourd’hui ; ils mourront aussi, ceux qui verront les aurores futures.

« Toi qui repousses nos ennemis, qui favorises les sacrifices, née au moment même du sacrifice initial ; toi qui inspires l’hymne et encourages la prière ; toi qui amènes les heureux augures et les rites agréables aux dieux ; bonne aurore, sois nous aujourd’hui favorable.

« Dans les temps passés, l’aurore a brillé avec éclat ; de même aujourd’hui elle éclaire richement le monde ; de même dans l’avenir elle resplendira. Elle ne connaît pas la vieillesse ; elle est immortelle ; elle s’avance, ornée sans cesse de nouvelles beautés.

« De ses clartés elle remplit les régions célestes ; déesse lumineuse, elle repousse la noire déesse. Sur son char magnifique, traîné par des coursiers rougeâtres, l’aurore vient éveillant la nature.

« Elle apporte les biens nécessaires à la vie de l’homme ; elle déploie un étendart brillant ; elle nous appelle, pareille aux aurores qui l'ont toujours précédée ; pareille aux aurores qui la suivront toujours.

* *

« Levez-vous, l'esprit vital est venu pour nous ; l'obscurité s'éloigne, la lumière s'avance ; elle prépare au soleil la voie qu'il doit parcourir. Nous allons reprendre les travaux qui soutiennent la vie.

* *

« Le ministre du sacrifice élève la voix pour célébrer en vers les lumières de l'aurore ; loin des yeux de celui qui te loue repousse l'obscurité ; aurore, bénis, en les éclairant de tes rayons, le père de famille et ses enfants.

* *

« Le mortel qui t'honore voit briller pour lui des aurores qui multiplient son troupeau de vaches et lui donnent des enfants vigoureux ; puisse celui qui t'offre ces libations accompagnées de la prière, qui résonne comme un vent favorable ; puisse-t-il obtenir des aurores fécondes en beaux coursiers !

* *

« Mère des dieux, œil de la terre, messagère du sacrifice, noble aurore, brille pour nous ; approuve nos vœux et répands sur nous ta lumière. Toi qui fais la joie de tous, rends-nous fameux parmi les nôtres.

*
* *

« Les biens divers qu'apportent les aurores sont le partage de celui qui les honore et qui les chante. Qu'il nous protégent également, Mitra, Varouna, Aditi, la mer, la terre et le ciel. »

VII

AU SOLEIL

PAR COUTSA.

« Le magnifique flambeau des dieux, l'œil de
Mitra, de Varouna et d'Agni, le soleil, âme de tout
ce qui existe a rempli le ciel, la terre et l'air.

« Comme l'époux suit sa jeune épouse, le soleil
suit aussi la divine et brillante aurore, à l'heure où
les prêtres attendant pour honorer les dieux les
moments favorables, adressent à leur digne protecteur un hommage digne de lui.

« Les chevaux du soleil, nobles, rapides, brillants,
s'élancent dans leur route, dignes comme lui de nos

hommages. Baissant la tête sous le joug, ils s'attachent à la voûte céleste et s'empressent de commencer leur révolution entre la terre et le ciel.

*
* *

« Et telle est la fonction divine, la fonction sublime du soleil, à la moitié de sa course circulaire il retire lui-même ses rayons, et quand il dételle les chevaux de son char, la nuit couvre l'univers de son voile.

*
* *

« Ainsi pour nous faire jouir de la vue de Mitra et de Varouna, le soleil manifeste sa forme à la face du ciel. Sans relâche, ses coursiers nous ramènent sa figure, tantôt brillante et tantôt noire.

*
* *

« Divins rayons du soleil levant, délivrez-nous de toute faute honteuse. Qu'il nous protège également, Mitra, Varouna, Aditi, la mer, la terre et le ciel. »

Cette hymne et la précédente, expliquent tout le culte qu'à l'imitation de l'Inde, l'antiquité entière a rendu à l'aurore et au soleil.

VIII

AU CIEL ET A LA TERRE

PAR AGASTYA.

« De ces deux divinités quelle est la plus ancienne? Comment sont-elles nées? O poète, qui le
sait? Elles sont faites pour porter le monde, tandis
que le jour et la nuit roulent comme deux roues.

« Toutes deux, tranquilles et sans mouvement,
contiennent des êtres doués de mouvement et de
vie. Tels que des parents gardent sans cesse à leurs
côtés un enfant chéri, ô ciel et terre, gardez-nous
contre le mal.

« Je demande que vous me fassiez jouir d'Aditi.

Que cette faveur adorable, soit exempte de toute crainte; qu'elle soit constante, inaltérable et à jamais fortunée ! ciel et terre accordez cette grâce à votre chantre, ô ciel et terre, gardez-nous contre le mal.

*
* *

« Divinités heureuses et secourables, nous sommes à vous ; ciel et terre qui avez les dieux pour enfants, vous marchez tous deux avec l'escorte des journées et des nuits. O ciel et terre, gardez-nous contre le mal !

*
* *

« Sœurs toujours jeunes et semblables à elles-mêmes, elles se suivent à côté de leurs parents et glissent dans le centre du monde. O ciel et terre gardez-nous contre le mal !

*
* *

« J'invoque dans le sacrifice, en implorant le secours de Dieu, ces deux divinités mères, grandes, larges, solides, remplies de beauté et qui renferment l'immortalité. O ciel et terre, gardez-nous contre le mal.

*
* *

« J'invoque par ma prière et dans ce sacrifice, ces divinités, grandes, larges, étendues, dont les bornes sont immenses, heureuses, bienfaisantes, qui contiennent le monde. O ciel et terre, gardez-nous contre le mal.

.*.

« Si nous avons commis quelque faute contre les dieux, contre nos amis, nos enfants ou notre père, que cette prière nous fasse obtenir notre pardon. O ciel et terre, gardez-nous contre le mal.

.*.

« Louées par nous et favorables aux mortels, que ces deux divinités me sauvent; qu'elles s'entendent pour me secourir et me protéger. Les devas nous présentent avec joie les nombreuses offrandes du père de famille.

.*.

« Pieux et recueilli, j'ai commencé par adresser cette prière au ciel et à la terre, vous notre père et notre mère, vous toujours irréprochables, préservez-nous du mal et soyez notre protecteur.

.*.

« Ciel et terre, notre père et notre mère, accordez-nous la grâce que je vous demande, descendez près des devas pour nous secourir, que nous connaissions la prospérité, la force et l'heureuse vieillesse.

IX

HYMNE AU CRÉATEUR SUPRÊME
PAR LE MOUVI[1] SWASTRYATRÉYA.

« Que tout mortel recherche l'autorité du divin conducteur de l'univers. Ce *Dieu* est le maître de la richesse. Que tout mortel s'efforce de mériter sa faveur par une offrande digne de lui.

« O divin conducteur, nous sommes à toi, nous et ces mortels assemblés pour honorer les dieux. Puissions-nous, les uns par nos offrandes, les autres par leurs prières, obtenir le fruit de votre pitié.

« Dans ce sacrifice, honorez les dieux qui se font

1. Personnage sanctifié.

nos hôtes ; honorez les épouses des dieux. Que le libérateur divin éloigne de nous nos ennemis et tous ces brigands qui assiégent les routes.

« Quand le *dieu* qui porte nos offrandes est sur le foyer et que les libations coulent dans le vase sacré, le divin conducteur touché de nos hommages vient vers nous, tel qu'une épouse fidèle, (sa bienfaisance nous accorde une maison opulente, une mâle famille.

« O divin conducteur, ce char de sacrifice est pour toi. Que ce char protecteur et opulent nous donne le bonheur ! Que nous lui devions richesse et bénédiction. Nous célébrons un *dieu* désiré, et nous l'adorons ! Nous célébrons tous les dieux et nous les adorons. »

Comme celle de Dirghatamas, cette hymne est adressée au *dieu unique*, créateur et conducteur de l'univers. Les autres dieux ne sont que des esprits inférieurs, émanation de sa puissance.

X

HYMNE AUX MAROUTS

PAR SYAVAZWA.

« Je chante cette robuste famille des Marouts, qui mérite l'hommage de nos hymnes ; montés sur de rapides coursiers, ils poussent de lourdes masses, et deviennent les maîtres brillants de la céleste ambroisie.

* * *

O sage, honore cette forte et illustre famille. Ce sont les magiciens qui remuent le monde ; leurs bras sont ornés de bracelets, et leurs mains riches en présents. Honore ces héros merveilleux, dont la grandeur, dont les bienfaits sont infinis.

* * *

« Qu'ils viennent à vous aujourd'hui tous ces Marouts qui transportent les ondes, et envoient la pluie. O Marouts, dieux sages et toujours jeunes, honorez Agni, dont les feux sont allumés.

*
* *

« En faveur des mortels, ô Marouts dignes de nos sacrifices, vous donnez naissance à un roi sauveur et puissant. Il vient, celui qui est votre fils, dont les bras atteignent des ennemis, dont le poing les écrase, qui possède de beaux coursiers et de mâles serviteurs.

*
* *

« Tels que les rayons d'une roue, avec une marche régulière, tels que les jours de l'année, les Marouts apparaissent tout resplendissants. Les impétueux enfants de Prisni, mesurant avec sagesse leurs bienfaits à nos besoins, répandent sur nous l'eau du ciel.

*
* *

« O Marouts, quand vous arrivez sur vos chars, portés sur de fortes roues et traînés par un attelage de daims, les eaux coulent, les forêts sont ébranlées, et le ciel mugit, tel que le taureau au milieu des vaches.

*
* *

« Les Marouts ont marché, et devant eux la céleste Prithivi s'est étendue. Elle a conçu de son puissant époux un fruit que ces dieux ont été chargés de garder. Les enfants de Roudra ont à leur char attelé les vents rapides. La pluie c'est la sueur de ces travailleurs.

*
* *

« Nobles Marouts, comblez-nous de vos biens, vous qui possédez tant de richesses, soyez immortels, célèbres pour votre justice, dieux toujours jeunes, qui aimez les sacrifices et qui grandissez au milieu de nos prières et de nos libations. »

Les Marouts sont les dieux qui président aux vents; ils fécondent Prithivi la terre, par les nuages et la pluie, qu'ils entraînent avec eux.

XI

HYMNE A INDRA

PAR MADHOUTCHANDAS.

« Venez amis, placez-vous, et chantez Indra, vous qui avez un trésor d'hymnes sacrées.

*
* *

« Chantez le grand Indra, le maître souverain de la richesse ; répandez en même temps les libations.

*
* *

« Qu'il soit pour vous une source de biens, d'opulence, de sagesse, qu'il vienne partager nos offrandes.

*
* *

« Chantez cet Indra qui dans les combats porté sur

un char renverse les ennemis par le choc de ses coursiers.

∗

« En l'honneur de ce Dieu qui aime les libations, voilà les boissons purifiées et mêlées avec du caillé.

∗

« O bienfaisant Indra, tu nais pour recevoir nos libations, et pour régner sur les dieux; à peine es-tu né que déjà ta forme est immense.

∗

« O Indra, glorifié par nos chants, remplis-toi de ces boissons ardentes; puissent-elles plaire à un dieu sage comme toi.

∗

« Les hymnes, les louanges des anciens ont ajouté à ta grandeur. O Satacratou! que nos chants aient le même effet.

∗

« Qu'Indra, protecteur invincible, en qui sont toutes les vertus de la virilité, se réjouisse de ces mets abondants et variés.

* *
*

« Que nul homme ne porte atteinte à nos corps. Indra, Seigneur, célèbre par nos chants, éloigne de nous la mort. »

Indra est le Dieu de l'Éther, de la matière universelle dans laquelle s'épanouissent tous les germes.

XII

HYMNE A LA DIVINE LIQUEUR DU SOMA

PAR GRITSAMADA.

« O pure liqueur, tes flots enivrants sont aussi rapides que la pensée, aussi impétueux que l'onde :
Liqueur céleste, qui sur une onde légère, arrives
pour notre bonheur au secours du sacrifice.

***

« Ton breuvage, doux, rapide, enivrant, coule
de tous côtés pareil au coursier qui traîne un char.
De même que la vache nourrit le veau de son lait, ta
libation nourrit de son miel Indra qui porte la
foudre.

***

« Tel qu'un coursier généreux, viens sur le foyer

prouver ta force. Dieu universel, descends du ciel pour former cette liqueur que prépare le mortier. Le soma purifié sur le filtre de laine et dans le vase des libations, devient la forte boisson d'Indra.

*
* *

« O Dieu pur, tes ondes célestes, aussi promptes que la pensée, aussi rapides que le coursier, sont mêlées avec le lait dans le vase du sacrifice. Les richis t'honorent, et ces sages qui t'ont purifié, versent ta libation sur le foyer.

*
* *

« Tu vois tout, maître puissant et juste, et tes rayons s'étendent dans tous les lieux. O Soma, tu remplis tout, tu es le soutien et le roi du monde.

*
* *

« Le Soma est pur, il donne la fermeté et la justice et ses rayons embrassent le ciel et le terre. Il brille également dans le vase des purifications, dans les coupes et sur le foyer ou il est successivement appelé à siéger.

*
* *

« Soma est l'étendard du sacrifice et l'ornement de nos cérémonies. Il coule dans la coupe des dieux. Il s'échappe par mille torrents, et sa liqueur généreuse va remplir en frémissant et les mortiers et les vases.

**

« Breuvage pur et protecteur, il descend dans ce samoudra ou coule la rivière de la libation ; il se mêle aux ondes et au caillé. Il siége sur le filtre de laine, comme sur le foyer.

**

« Il fait entendre sa voix pareille au tonnerre sous la voûte céleste. Il soutient le ciel et la terre. Soma vient pour satisfaire à l'amitié d'Indra, et purifié il repose dans les vases sacrés.

**

Il accourt cet opulent Soma, flambeau du sacrifice, miel délicieux, père des dieux, auteur du monde. Il apporte au ciel et à la terre mille trésors secrets, source enivrante de bonheur, et breuvage destiné à Indra.

**

« Le Dieu sage et rapide qui s'échappe par cent torrents, le maître du ciel vient en criant dans le vase du sacrifice, brillant, généreux et pur, il siége sur le filtre de laine au milieu des ondes, dans le foyer où règne Mitra.

* *

« Ce dieu pur est le premier au milieu des ondes, des prières, des vaches divines. Doué d'une force incomparable, et armé de traits merveilleux, il distribue aux mortels le fruit de sa victoire. C'est sa généreuse et sainte liqueur que versent les sacrificateurs.

* *

Appelé par la prière, ce dieu arrive, tel que l'oiseau, se placer sur le filtre de laine, et coule en torrents. O sage Indra, c'est toi qui as établi autour de nous le ciel et la terre, c'est pour toi que vient l'éclatant Soma.

* *

« L'adorable Soma revêt une cuirasse dont les reflets lumineux touchent le ciel, il remplit l'air, et se trouve emporté à travers les mondes. Auteur de tout bien il accourt avec le jus renfermé dans sa tige, et honore le père antique du monde.

* *

« Une fois arrivé au trône d'Agni, il devient l'espoir et le protecteur de ceux qui servent ce dieu, dès l'instant qu'il s'est placé lui-même au siége élevé d'Agni, il ne connaît plus d'ennemi qui l'arrête.

*
*   *

« Indou a passé dans la coupe d'Indra. C'est un
ami qui va flatter le cœur de son ami. Soma suivant
les cent voies qui lui sont ouvertes, court tel qu'un
époux s'unir dans le vase des libations aux jeunes
ondes.

*
*   *

« En votre nom les prières amies du bonheur, de
la louange et de la poësie, accourent dans la demeure du sacrifice. Les hymnes viennent avec leurs
invocations, comme des vaches avec leur lait.

*
*   *

« O Soma, ô pur Indou, arrive au milieu de toutes
ces abondantes offrandes, qu'accumule notre piété,
et qui présentées trois fois par jour, nous procurent
une douce fécondité, en biens et en mâles enfants.

*
*   *

« Le prudent Soma exauce nos prières; il vient et
produit le jour, l'aurore, le soleil. Il forme les ondes,
et se précipite dans les vases du sacrifice. A la voix
des sages, il pénétre dans le cœur d'Indra.

*
*   *

« Appelé par les sages, et lancé par leurs mains,

ce dieu prudent et antique remplit en résonnant les vases saints. Il engendre Trita et distille un miel délicieux, pour se montrer l'ami d'Indra et de Vayou.

⁎⁎

« Soma purifié a formé les feux de l'aurore ; avec les ondes il a fait le monde. Pour en composer une offrande, il prend le lait de vingt et une vaches, et charme le cœur par un douce ivresse.

⁎⁎

O Soma, ô Indou, coule dans les demeures célestes, dans le filtre, dans le vase des libations. Pénètre dans les entrailles d'Indra ; et lancé avec bruit par les prêtres fais monter le soleil dans le ciel.

⁎⁎

O Indou, tu sors du mortier pour entrer dans le vase des purifications. Tu inondes les entrailles d'Indra. O prudent Soma, tu es devenu le gardien des hommes, et avec les Augiras, tu as ouvert le pâturage des vaches célestes.

⁎⁎

« O pur Soma, les sages religieux te chantent en implorant son secours. L'oiseau poétique t'a apporté

du ciel, ô Indou, et toutes les prières se sont plu à
te parer.

* * *

« Les sept vaches du sacrifice s'approchent de
Soma purifié sur le filtre de laine, et orné de son
flot brillant. Les nobles enfants d'Ayou ont jeté le
dieu sage au milieu des ondes, et sur le foyer de
Riéta.

* * *

« Indou purifié s'élance contre nos ennemis, il
aplanit toutes les routes pour l'homme qui sacrifie.
Beau et sage, il se compose une forme avec le lait
des vaches, et tel que le coursier, il court en se
iouant sur le filtre.

* * *

« Cent flots divers mêlent leurs trésors pour produire le torrent du brillant Soma. Les doigts l'ont
purifié ; il s'enveloppe du lait de la vache, et sur un
triple autel, il est reçu par les feux d'Agni.

* * *

« Tous les êtres sont nés de ta céleste semence.
Tu es, le roi du monde entier, tout est soumis à ton
empire. O pur Indou, c'est toi surtout qui possède
la puissance.

***

« O Dieu sage, en toi se trouve la vertu de toutes les ondes : tu réunis en toi tous les biens. C'est toi qui soutiens les cinq régions célestes. Tu affermis le ciel et la terre. O Dieu pur, de toi dépendent les astres et le soleil.

***

« O pur Soma, tu te purifies pour les dieux, dans le vase qui est le soutien du monde. Les ousidjs (prêtres), commencent par te prendre et c'est toi qui fais marcher l'univers.

***

« Soma brillant et généreux, viens avec bruit sur le filtre de laine, et résonne dans les coupes de bois. Les rites qui l'appellent font entendre leurs chants ; les prières caressent ce nourrisson qui frémit.

***

« Il se revêt lui-même des rayons du soleil en déployant la triple toile du sacrifice. Il dirige les hymnes et les prières de Rita. Maître des hommes, il remplit la coupe sainte.

***

« Souverain du ciel et roi des ondes, il coule et

fait en résonnant les voies du sacrifice. Pur et brillant, il coule par mille torrents ; il élève sa voix, et répand avec lui tous les biens.

***

« O Dieu pur, semblable au merveilleux soleil, tu pousses ta grande onde sur le filtre de laine. Purifié par la main des prêtres, extrait des mortiers, tu coules pour nous apporter l'abondance.

***

« O Dieu pur et prudent, tu accours, tel que l'épervier, vers notre offrande, qui donne la force ; tu siéges dans les vases sacrés. On te verse pour le bonheur et l'ivresse d'Indra. Tu es le digne soutien du ciel.

***

« Sept sœurs deviennent les mères de ce nourrisson nouveau qui est né pour la victoire, et au sein des ondes ; elles élèvent pour la gloire du monde, le prudent Soma, gandharwa céleste et gardien des hommes.

***

« O Indou, tu attelles tes coursiers, ailés et rayonnants, et tu parcours ces mondes dont tu es le maître. Que tes coursiers fassent couler pour nous, et le lait et le beurre savoureux. O Soma, que les hommes se lèvent pour accomplir ton œuvre.

* * *

« O pur et généreux Soma, tu observes et gardes les hommes. Tu lances tes ondes. Envoie-nous des richesses et de l'or. Que nous jouissions du bonheur de vivre.

* * *

O Indou, tu es le maître des vaches, des richesses, de l'or. Ta semence vivifiante se répand à travers les mondes. O Soma, tu es fort, tu es le maître souverain. Les sages sont assemblés pour t'implorer par leurs prières.

* * *

« Le grand flot du doux Soma élève sa voix; il se précipite dans les vases sacrés où il se revêt de l'enveloppe des ondes. Le roi, qui suit mille voies diverses; monte sur son char qui est le vase des purifications. Il y puise de la force, et sa victoire nous procure l'abondance.

* * *

« Soma est la vie du monde. Le matin et le soir il accompagne toutes nos prières qu'il rend pour nous heureusement fécondes. O Indou, fais que nos cérémonies nous procurent une belle famille, des chevaux, une moisson opulente ; fais qu'Indra nous soit favorable.

*
* *

« Dès le matin, le beau, l'enivrant Soma, est reconnu par le sage, à ses lueurs brillantes. Secondant les efforts des deux sacrificateurs, il va se jeter au sein de l'être qui soutient les hommes et les dieux.

*
* *

« Les prêtres, par leurs soins divers, disposent ce dieu puissant, le séparent de son enveloppe ligneuse, le mêlant, soit aux ondes, soit au doux caillé. Les prêtres, ornés de *bagues d'or*, puisent ses sucs qui jaillissent en pluie ; et tel que l'animal qui vient de naître, ils le baignent dans les eaux.

*
* *

« Chantez en l'honneur du dieu sage et pur ; il vient ainsi qu'un large torrent fortifié par notre offrande. De même que le serpent, il a dépouillé sa vieille peau. Pareil au coursier, il accourt en se jouant, brillant et généreux.

*
* *

« C'est un roi qui marche à la tête de ses gens ;

c'est un torrent impétueux qui s'élance. Il mesure les jours, emporté à travers les mondes, superbe et resplendissant; il monte sur un char de lumière. Tout humide du beurre sacré, grossi du flot de la libation, il coule pour être un trésor de richesses.

« Triple dans son essence, sa liqueur apporte l'ivresse. Il est le soutien du ciel et parcourt tous les mondes. Les prières caressent Soma, qui fait résonner sa voix quand les chantres, avec leurs hymnes, s'approchent de sa forme divine.

« Tes ondes purifiées se réunissent pour couler ensemble avec rapidité sur le filtre de laine. O Soma, ô Indou, en sortant du pressoir, tu vas te mêler au lait des vaches et siéger dans les vases du sacrifice.

« Coule donc, adorable Soma, toi qui connais l'œuvre sainte. Jette sur le filtre de laine ton miel délicieux. O Indou, triomphe de tous les méchants rackchasas. Pères d'une heureuse lignée, puissions-nous chanter encore dans le sacrifice. »

Le Soma est la liqueur des dieux et des prêtres;

elle représente la semence universelle de l'univers. Nous verrons bientôt qu'elle est dans l'histoire des religions, l'importance de cette fiction.

Les douze hymnes qu'on vient de lire renferment dans leur langage figuré tous les mystères de la théologie brahmanique sortie des Vedas; en les étudiant bientôt, nous donnerons un corps à toutes ces figures.

Nous allons donner maintenant quelques hymnes adressées à des divinités particulières.

HYMNES AUX DIVINITÉS INFÉRIEURES

I

HYMNE AUX RIBBOUS

PAR MÉDHATILHI.

« En l'honneur d'une race divine, la bouche des prêtres chante cette hymne qui doit provoquer la généreuse reconnaissance de ces dieux.

✻

« Ce sont eux dont la pensée a créé les chevaux radieux d'Indra, ces chevaux que la voix suffit pour atteler à son char; ils ont entouré le sacrifice de cérémonies saintes.

✻

« Ils ont construit pour les véridiques Aswins un char fortuné qui fait le tour du monde; ils ont produit la vache qui donne le lait.

*
* *

« Les ribbous puissants par leurs prières et par la justice, ont rendu à la jeunesse leur père et leur mère.

*
* *

« Ces libations s'adressent à vous et à Indra qu'accompagnent les marouts, ainsi qu'aux brillants adityas.

*
* *

« Ce sont les ribbous qui ont divisé en quatre parties la coupe encore nouvelle du divin Twachtri.

*
* *

« Avec nos louanges, recevez pour en tenir compte au *religieux*, trois genres d'offrandes dans sept sacrifices différents.

*
* *

« Chargés de nos sacrifices, les ribbous ont vécu en persévérant dans le bien, et ont obtenu une part du sacrifice offert aux dieux. »

Les ribbous représentent les hommes parvenus au ciel en récompense de leurs bonnes actions.

II

HYMNE AUX INSTRUMENTS DU SACRIFICE
PAR SOUVAHSÉPA.

« Dans cet endroit ou s'élève une pierre à la base profonde pour recevoir les libations, Indra, viens boire le jus préparé dans le mortier.

*
* *

« Dans cet endroit où, pareils à deux djaghouas (expression intraduisible par décence), figurent les deux bassins destinés au soma, Indra, viens boire le jus préparé dans le mortier.

*
* *

« Dans cet endroit, où la mère de famille entre et sort avec empressement, Indra, viens boire le jus préparé dans le mortier.

* * *

« Dans cet endroit où l'on passe une lanière autour du pilon, comme une rêne au col d'un cheval fougueux, Indra, viens boire le jus préparé dans le mortier.

* * *

« Quelle que soit l'œuvre à laquelle on t'emploie dans chaque maison, ô mortier, résonne d'une manière éclatante tel que le tambour des vainqueurs.

* * *

« O pilon ! à ton extrémité l'air souffle avec force. O mortier, prépare le breuvage d'Indra.

* * *

« O mortier, ô pilon, instruments du sacrifice, vous qui apportez les mets des dieux, séparez-vous, unissez-vous comme les mâchoires qui broient la nourriture.

* * *

« Nobles instruments de bois, avec ces nobles faiseurs de Soma, vous nous préparez aujourd'hui, pour Indra, une boisson aussi douce que le miel.

***

« Toi Haristchoudra, emporte le Soma tombé dans le bassin ; verse-le sur le filtre et que la peau de vache le reçoive. »

III

AUX ASWINS ET A SARASWATI
PAR MADHOUTCHANDAS.

« Aswins, dieux aux mains agiles, aux longs bras, maîtres des splendeurs, acceptez les mets du sacrifice.

****

« Puissants Aswins, célèbres par votre force et par vos nombreux exploits, écoutez nos voix qui portent vers vous notre prière.

****

« Secourables et véridiques, venez ; nos libations ,vous attendent disposées sur un tapis de gazon sacré. Venez par la route qu'arroseront les larmes de nos ennemis.

A SARASWATI.

« O Saraswati, toi qui purifies le cœur, comblé de nos offrandes, aie pour agréable notre sacrifice, ô toi, trésor de la prière.

*
* *

« Saraswati inspire les paroles saintes; elle exprime les bonnes pensées; c'est à elle que s'adresse notre sacrifice.

*
* *

« Saraswati appelle et encourage l'onde des libations; elle élève un drapeau sous lequel brillent toutes les prières. »

*
* *

Les Aswins sont les dieux qui président aux brises qui portent aux cieux, les vœux et les sacrifices des mortels.

Saraswati est la déesse ou mieux la personnification de la prière.

IV

HYMNE AUX APRIS
PAR MEDHATITI.

« Agni, surnommé Sousamiddhà, amène pour
nous les dieux vers celui qui offre l'*holocauste*; prêtre
et sacrificateur, consomme le sacrifice.

***

« Sage divinité, qu'on nomme Tanouvapat, fais
agréer aujourd'hui aux dieux notre sacrifice, qu'il
leur soit aussi doux que le miel.

***

« J'invoque ici, dans cette assemblée, celui qu'on
appelle Nocrâsanta, le dieu chéri et sacrificateur,
dont la langue est si douce.

* * *

« Agni, sur ton char bienheureux amène les dieux;
ô toi sacrificateur appelé Illita, toi que Manou a
constitué pour sacrifier à nos fêtes.

* * *

« Mortels éclairés, étendez le gazon sacré, qu'il
soit arrosé de beurre à l'endroit où les dieux vont
venir prendre leur ambroisie.

* * *

« Qu'elles s'ouvrent les portes divines de l'enceinte sacrée, ces portes que le sacrifice sanctifie !
qu'elles s'ouvrent aujourd'hui pour la pieuse cérémonie.

* * *

« J'appelle à ce sacrifice la belle nuit et la belle
aurore, qu'elles viennent toutes deux prendre place
sur ce cousa.

* * *

« J'appelle aussi ce couple de dieux, à la douce
langue, sages et sacrificateurs, qu'ils aient leur part
de notre sacrifice.

* * *

« Que les trois déesses qui apportent la joie, Illa,

Saraswati et Mabi, daignent sans crainte s'asseoir sur ce cousa.

*
* *

« J'appelle ici le grand Twachtri qui sait revêtir toutes les formes; qu'il soit notre ami.

*
* *

« Divin Vanaspathi, donne aux dieux l'holocauste qui leur est destiné. Que la sagesse soit le partage de celui qui le leur offre.

*
* *

« En l'honneur d'Indra, employons la swaba, dans la maison du père de famille, qui offre le sacrifice ; c'est là que je convie les dieux. »

Les Apris sont la personnification de toutes les choses employées dans le sacrifice.

V

HYMNE AU MAITRE DES CHOSES SAINTES

PAR GRITSAMADA.

« Le chantre des dieux perdra ceux qui veulent te perdre. L'homme pieux triomphera de l'impie. L'observateur des saintes pratiques vaincra sur le champ de bataille le héros invincible. Le bon serviteur recueillera la dépouille du méchant.

« Homme, sacrifie et préviens tes ennemis, prépare-toi au triomphe sur tes adversaires, offre l'holocauste pour t'assurer une heureuse fortune. Nous invoquons le secours du maître de la chose sacrée.

« Il se trouve dans l'abondance de tous les biens,

15

avec ses gens, son peuple, sa famille, ses enfants, ses guerriers, celui qui, plein de foi, honore avec l'holocauste le père des dieux, le maître de la chose sacrée.

« Le maître de la chose sacrée conduit dans une heureuse voie l'homme qui veut lui plaire par ses libations de beurre. Il le délivre du mal; il le protége contre le méchant et l'assassin. Pour lui il est un dieu généreux et admirable. »

VI

HYMNE A CAPINDJALA
(FRANCOLIN, OISEAU D'INDRA)
PAR GRITSAMADA.

« Le Capindjala, par son cri, annonce l'avenir; lance sa voix comme le pilote lance son navire. Oiseau, sois pour nous d'un bon augure. Qu'il ne t'arrive aucun accident.

*
* *

« Échappe à l'épervier et aux oiseaux de proie. Que l'archer, armé de sa flèche, ne t'aperçoive pas. Faisnous entendre, du côté du midi, ta voix de bon augure.

*
* *

« Oiseau de bon augure, pousse ton heureux cri à

la droite de nos foyers. Garde-nous de la domination d'un voleur ou d'un méchant. Pères d'une heureuse lignée, puissions-nous chanter longtemps encore dans le sacrifice. »

Cet oiseau est dédié à Indra, parce qu'il est censé n'apaiser sa soif que dans les nuages où règne ce dieu.

VII

AUTRE HYMNE A CAPINDJALA

PAR LE MÊME.

« Pareils aux chantres de nos sacrifices, les Ca-
pindjalas viennent, par des accents de bon augure,
nous annoncer un temps favorable. L'oiseau se plaît
à répéter deux cris, de même que ceux qui chantent
nos hymnes, emploient la gayatri et le trichtoub
(mètres de vers).

*_**

« Oiseau, comme notre chantre, tu as aussi ton
hymne ; et ainsi que l'enfant du prêtre, au moment
de la libation, tu fais retentir ta voix. Avec l'empres_
sement de l'étalon qui s'approche de ses amantes,
oiseau, parle-nous favorablement; oiseau, parle-nous
pour notre bonheur !

**

« Oiseau, si tu nous parles, ne nous parle que favorablement. Reste silencieux pour écouter notre prière. En t'éloignant résonne comme un carcari (sorte de tambour). Pères d'une heureuse lignée, puissions-nous chanter longtemps encore dans le sacrifice. »

VIII

HYMNE A SAVITRI
(SOLEIL CONSIDÉRÉ COMME ASTRE)
PAR GRITSAMADA.

« Le divin Savitri, qui travaille constamment à la création du monde, Savitri, qui porte tous les êtres, vient de se lever pour son œuvre. Il dispense aux Devas ses faveurs. Qu'il comble de ses bénédictions le maître de ce sacrifice.

« Le Dieu qui s'élève pour le bonheur du monde, étend au loin ses longs bras. Et pendant qu'il poursuit sa carrière, sous lui se jouent les ondes purifiantes, et le vent qui tourne autour de la terre.

*_**

« Savitri, dans sa course, se dépouille de ses rayons, il permet au voyageur de se reposer des fatigues de la marche, il prévient le désir de ceux qui oseraient implorer le secours d'Abi. La nuit poursuit l'œuvre de Savitri.

*_**

« Partageant de moitié avec lui, la nuit s'occupe à tisser sa toile immense. Cependant le sage comprend que la puissance du créateur n'est pas éteinte. En effet, quittant son sommeil, Savitri a reparu et le dieu infatigable vient pour marquer les divisions du temps.

*_**

« Les feux d'Agni naissent tous les matins dans chaque demeure ; et la mère de Savitri remet à son fils l'illustre fonction d'éclairer le monde, sur le signal que vient de lui donner Agni.

*_**

« Il marche vers le terme de sa carrière vainqueur de tous ses ennemis, et désiré de tous les êtres animés. Alors il quitte la tâche, dont l'autre moitié ne regarde plus le divin Savitri.

***

« On te demande, ô Dieu ! on cherche, avec inquiétude, dans les plaines désertes de l'air, l'habitant céleste qui devrait s'y trouver. Mais on se dit que la forêt, quoique silencieuse, n'est pas privée d'oiseaux, et que rien ne saurait détruire les œuvres du divin Savitri.

***

« Cependant Varouna, dans l'obscurité, à travers les voies heureuses de l'air, retourne à l'endroit où il doit renaître. Les oiseaux, les animaux, sont tous dans les retraites diverses que leur a assignés Savitri.

***

« Quel être peut-il craindre, celui dont l'œuvre ne peut être ébranlée ni par Indra, ni par Varouna, Mitra, Aryawar, ni par Roudra? Honneur au divin Savitri, dont j'implore humblement la protection.

***

« Nous présentons nos offrandes au sage Bhaga, digne objet de nos méditations. Que le dieu que célèbrent nos hymnes, noble époux des chastes prières, nous accorde son secours. Pour obtenir le bonheur et réunir sur nous tous les biens, puissions-nous être les amis du divin Savitri!

« Que tes faveurs désirables nous arrivent du ciel, de l'air, de la terre! Que ce bonheur s'étende sur les serviteurs de Savitri, sur le maître de maison qui l'honore de ses offrandes, et sur le poëte qui le chante!

IX

HYMNE AUX EAUX
PAR LE RICHI SINDHOUDWIPA.

« Eaux merveilleuses, vous augmentez notre vigueur ; vous la rendez plus forte, plus remarquable.

« Faites-nous goûter à votre breuvage fortuné, soyez pour nous comme de tendres mères.

« Nous venons vous prier en faveur de l'homme dont vous aimez l'habitation. Eaux généreuses, vous êtes nos mères.

« Que ces eaux divines viennent généreusement

satisfaire à nos désirs et à notre soif, qu'elles coulent
pour notre félicité.

***

« Eaux, qui êtes reines des hommes et maîtresses
de la richesse, je vous demande un remède à mes
maux.

***

« Dans les eaux, m'a dit Soma, sont tous les re-
mèdes. Agni fait le bonheur de tous, et les eaux gué-
rissent tous les maux.

***

« Eaux salutaires, protégez mon corps contre les
maladies, que je puisse longtemps voir le soleil.

***

« Eaux purifiantes, emportez tout ce qui peut être
en moi de criminel, tout le mal que j'ai pu faire par
violence ou par libertinage.

***

« En ce jour j'ai honoré les eaux; nous nous
sommes présentés avec des coupes remplies de ce

précieux aliment. Agni, toi qui aime les libations,
viens et couvre moi de ton éclat. »

L'importance de cette hymne aux eaux purifiantes et maîtresses du monde aura bientôt son explication logique.

X

DIALOGUE DE YAMA ET DE SON AMANTE YAMI.

YAMI.

« Qu'un ami vienne à son amie. Traverse le large
océan de la mort. Que le sage Vivaswâu, pour fruit
de ses méditations, voie le petit-fils de son père
s'étendre sur la terre.

YAMA.

« Ton ami ne recherche point ton amitié. Si nous
avons la même origine que les autres dieux, notre
forme est différente. Les enfants du grand Asoura
sont des héros qui soutiennent le ciel; ils étendent
leur large puissance.

YAMI.

« Tous ces immortels désirent quelque chose,

ne serait-ce que l'offrande d'un mortel. Moi, ma pensée est unie à la tienne. Que mon époux naisse et se revête d'un corps.

YAMA.

« Je suis juste, et ne veux point condamner comme injuste ce que nous avons déjà fait. Je sais que le divin Gandarwa est notre père, qu'au sein des ondes célestes Apya est son épouse et notre mère, notre naissance est illustre.

YAMI.

« Notre aïeul le divin Twachtri, et Savitri qui donne toutes les formes, ont voulu qu'au sein même de notre mère nous *fussions mari et femme* (ce mythe existe en Chaldée et en Égypte). La terre et le ciel nous connaissent, ils connaissent notre père.

YAMA.

« Qui a connu son premier jour, qui l'a vu alors, qui peut ici en parler? La demeure de Mitra et de Varouna est grande. Que me dis-tu, ô toi qui veux le mal des hommes?

YAMI.

« Yami désire Yama. Elle veut avec lui dormir

dans un même sein. Comme une épouse avec son époux, je veux pour toi parer mon corps. Roulons ensemble ainsi que les deux roues d'un char.

YAMA.

« Les œuvres brillantes des dieux ne peuvent un instant s'arrêter dans ce monde. O toi donc qui frappe les hommes, cherche promptement un autre époux que moi ; roule avec lui ainsi que les deux roues d'un char.

YAMI.

« Que les offrandes soient présentées à Yama le matin et le soir. Que l'œil du soleil se rouvre pour lui. Que le ciel et la terre soient encore un couple de bons parents. Qu'Yami retrouve un époux dans Yama.

YAMA.

« Nous sommes arrivés dans un âge où les épouses doivent supporter la perte de leurs maris. O femme, étends ton bras sous la tête d'un homme autre que moi. Désire un autre époux.

YAMI.

« Qu'est-ce qu'un frère qui n'est point votre protecteur? Qu'est-ce qu'une sœur, livrée à Nériti? Dans mon amour, je parle beaucoup. Rapproche ton corps du mien.

YAMA.

« Je ne rapprocherai point mon corps du tien. On a déclaré pécheur celui qui épouse sa sœur. Cherche le plaisir avec un autre que moi. O femme, ton frère ne veut point de toi.

YAMI.

« Hélas, Yama, tu es cruel, je ne reconnais ni ton cœur, ni ton âme. Qu'une autre t'enlace avec sa ceinture et t'embrasse comme la liane embrasse l'arbre.

YAMA.

« Yami embrasse un autre, qu'un autre t'embrasse comme la liane embrasse l'arbre. Désire son amour. Qu'il désire ton amour. Que votre union soit heureuse. »

Nous retrouverons, en l'expliquant, ce mythe dans toute l'antiquité.

IX

HYMNE A INDRA

PAR NIMÉDHA.

« Chantez un grand hymne en l'honneur du
grand Indra, sage et prudent, ami du devoir et de
la louange.

*
* *

« O Indra, tu es puissant. Tu as fait briller le soleil. Tu as tout créé, tu es le Dieu universel, tu es
grand.

*
* *

« Tu as paru avec la lumière pour répandre la
clarté dans le ciel. O Indra, les dieux recherchent
ton amitié.

« O Indra, viens à nous, dieu aimable et resplendissant, élevé comme une large colline, conquérant et maître du ciel.

« O Indra, dieu juste et ami du Soma, tu domines le ciel et la terre, tu es le bienfaiteur de celui qui fait la libation et le maître du ciel.

« O Indra, tu brises les villes célestes ; tu renverses le Dasyan et fais le bonheur de Manou. Tu es le maître de l'Ether.

« O adorable Indra, nous dirigeons nos vœux vers toi, en élevant nos coupes remplies de libations.

« L'onde des fleuves augmente la mer ; ainsi, ô héros armé de la foudre, nos hommages augmentent ta grandeur qui croît chaque jour.

« Au large et vaste char du rapide Indra, les

prêtres, par leurs chants et leurs prières, attèlent les deux coursiers qui le traînent.

*
* *

« O Indra, ô sage Satacratou, donne-nous pour chef un héros qui affronte les armées.

*
* *

« O puissant Satacratou, tu es pour nous un père et une mère. Nous demandons ton heureuse protection.

*
* *

« O vaillant Satacratou, invoqué par les mortels, j'implore le secours d'un dieu fort. Accorde-nous le don d'une race vigoureuse. »

Indra est ici l'Ether divinisé!

XII

HYMNES A ROUDRA ET AUX ANGIRAS

PAR NABHANÉDICHTHA.

A ROUDRA

« Que le chantre élevant sa voix fasse agréer à Roudra l'hommage qu'il lui rend aujourd'hui au milieu de cette pieuse assemblée. Les deux pères du sacrifice poursuivent leur œuvre. Que le père de famille en ce jour de largesse ne refuse rien aux sept sacrificateurs.

« Que Roudra, qui de ses traits terrasse ses ennemis, vienne dans cette enceinte pour nous protéger et nous combler de ses biens. Que ce dieu rapide, à la voix sonore, fasse descendre sur nous son onde secourable.

***

« O Aswins, votre âme est émue aux invocations que vous adresse le sage et vous accourez avec empressement. La main du prêtre dirige l'offrande qu'a préparée le généreux sacrificateur.

***

« Quand la nuit se trouve surprise au milieu des vaches rougeâtres, c'est vous que j'invoque, ô Aswins, enfants du ciel, entendez-moi ; venez à mon sacrifice et faites attention aux offrandes que je vous présente.

***

« Cependant il s'étend le dieu qui, pour le bonheur des hommes, développe avec force son énergique virilité. Lui-même, invincible héros, forme et agrandit le sein de sa fille.

***

« Alors, entre le ciel et la terre, ils se rapprochent, et le père devient l'époux de sa fille (mythe de la création, le dieu divise son corps en deux parties pour créer, l'une mâle et l'autre femelle); ils laissent échapper dans l'air quelques gouttes de leur semence féconde, et le foyer du sacrifice est arrosé.

* *

« Quand le père s'est uni à sa fille, il vient répandre sa semence sur la terre. Les pieux Devas, qui ont enfanté les rites, ont établi Agni pour être gardien de leur œuvre, le maître de la demeure sainte.

* *

« Que ce dieu jette donc son écume lumineuse sur le champ du sacrifice. Qu'il se précipite témérairement de tous côtés. On dirait qu'il recule en retenant le pied droit ; on dirait qu'il refuse de toucher les vaches que je lui présente.

* *

« Que le dieu qui, par son souffle, agite le monde, arrive pour soutenir la mamelle d'Agni. Tel que le poëte, avec ses chants, qu'il le réveille. Le prêtre apporte le bois et enfante l'holocauste, et Agni naît pour soutenir et défendre ses serviteurs.

* *

« Les Navagwas, chantant Rita, ont recherché sa tutelle et l'amitié de sa charmante fille. Privés du sacrifice, ils sont venus trouver le dieu gardien de ce monde, placé entre le ciel et la terre, et ils ont retrouvé le lait céleste.

* * *

« Avec l'amitié de la charmante fille de Rita, ils obtiennent encore un bien nouveau, et ce bien, que produit la pure semence d'un dieu, c'est le lait de la vache du sacrifice.

* * *

« Les Angiras avaient trouvé l'étable vide de son troupeau céleste ; mais un dieu bon et réparateur s'écrie, pour consoler le sage : « O sacrificateurs ! me « voici, votre richesse va vous être rendue. »

* * *

« Ainsi, les Angiras se rassemblent autour l'Idra ; ils allument les feux nombreux du sacrifice. Indra cherche à briser les membres du fils de Nrichad[1]. Enfin, le dieu invincible pénètre dans la caverne ténébreuse et déchire le corps de Souchna qui couvrait le monde.

* * *

« Alors naît la lumière, alors brillent comme le soleil les Devas (anges), qui siégent au triple foyer.

1. C'est la fiction d'Indra terrassant l'esprit du mal, que l'on retrouve dans toutes les mythologies, même la mythologie chrétienne.

Alors apparaît Agni, surnommé Djatavédas ; écoute-nous, ô sacrificateur ! Agni, qui honore Rita, veut notre salut.

*
* *

« J'ai chanté Indra, et, comme Manou, j'ai préparé le gazon pur et sacré. Venez aussi prendre part au sacrifice, ô Nasatyas, enfants radieux de Roudra ! Soyez célébrés parmi les nations ; soyez heureux de nos hommages et comblez-nous de vos bienfaits.

*
* *

« J'adore aussi, et je chante ce dieu fort, ce roi prudent, qui traverse l'océan aérien, et dont les rayons sont les chaînes du monde. Il a donné de la vigueur à Cokchivan. Il a communiqué à Agni la rapidité avec laquelle tourne la roue d'un char.

*
* *

« Agni, le sacrificateur, est l'ami des dieux, races divine et humaine ; il est appelé Vêtarana et nous donne le lait de la vache rapide du sacrifice. Cependant, par des chants pieux, je demande la protection de Mitra, Varouna et Aryaman.

*
* *

« O Agni, Nâblânédichtha, ton parent, dépose en

ton sein brillant la libation et la prière ; il t'adresse
ses vœux. Ici est notre mère commune, et je ne suis
qu'un de ses nombreux enfants.

**

« Oui, dit Agni ; ici est ma mère ; ici est ma demeure, ici mes Devas ; je suis tout ici. Les Dwidjaas
sont les premiers nés de Rita. La vache du sacrifice
vient de naître et vous offre son lait.

**

« Ainsi, le dieu rapide et brillant qui appartient à
deux mondes, dévore le bois qui est son aliment, et
s'élance avec joie dans l'air. Sa mère l'a enfanté
pour que sa force fasse notre bonheur ; le jeune
nourrisson croît, se dresse, se développe et bientôt menace ses ennemis.

**

« Que les vaches de la louange, enfants d'un sage,
s'élèvent à la hauteur des dieux. O toi qui es opulent, écoute-nous ! Manou a fait le sacrifice de l'Aswa-
mendha et n'a dû son bonheur qu'à sa piété.

**

« Et toi, Indra, maître des hommes, dont le bras
porte la foudre, accorde-nous une grande richesse.

Conserve-nous ô dieu traîné par deux coursiers azurés, tu es bon; sauve par ton secours les serviteurs de Maghavau.

* * *

« O couple royal, en faveur d'un sacrificateur, Indra, charmé de ses chants, est parti sans retard pour la conquête des vaches célestes. Ce dieu sage s'est montré l'ami des Angiras; il les a soutenus, il a rempli leurs vœux.

* * *

« Empressés à orner de nos louanges un dieu invincible, nous lui adressons une prière. Le coursier de la libation est lancé en son honneur. O Varouna, tu es sage; apporte-nous l'abondance.

* * *

« Pour obtenir votre amitié et augmenter nos forces, le prêtre vous présente son offrande et sa louange. Toutes nos voix s'unissent pour vous chanter. Qu'une route semée de biens s'ouvre devant nos prières.

* * *

« Le dieu surnommé Soubaudhou, célébré par nos voix, couvert de nos libations, entouré de nos offrandes et de nos prières, a grandi au milieu de nos hymnes, le lait de la vache divine déborde de sa mamelle.

*
* *

« Dieux que nous honorons et qui vous réjouissez ensemble de nos hommages, soyez-nous secourables. Vous êtes sages ; vous nous apportez l'abondance, et dans les fonctions diverses que vous remplissez, vous rassemblez pour nous des trésors de bonheur.

AUX ANGIRAS

« O vous qui, réunis pour le sacrifice et l'offrande, avez ainsi obtenu l'amitié d'Indra et l'immortalité, ô Angiras, soyez fortunés dans votre sagesse, accueillez le vœu de Manou.

*
* *

« Pères du sacrifice, vous avez délivré les vaches célestes, et par le retour des rites brisé les portes de Bala. O Angiras, vivez longtemps. Dans votre sagesse accueillez le vœu de Manou.

*
* *

« Par le sacrifice, vous avez élevé Sourya dans le ciel ; vous avez étendu la terre, notre mère. O Angiras, ayez une race heureuse. Dans votre sagesse, accueillez le vœu de Manou.

***

« Nabhâ Nedichtha vous chante dans votre demeure, ô Richis, qui avez les dieux pour enfants. O Angiras, que vos rites soient prospères. Dans votre sagesse, accueillez le vœu de Manou.

***

« Les Richis sont différents pour leur forme ; mais toutes leurs œuvres sont également sages. Les Angiras, enfants d'Agni, naissent autour de lui.

***

« Les Angiras, aux formes variées, naissent d'Agni autour de son foyer brillant. Lui-même, il est le premier des Angiras ; il est Navagwa, Dasavagwa, et au milieu des dieux qui l'accompagnent, il se montre magnifique.

***

« Ces sages, unis à Indra, ont délivré les vaches et les coursiers célestes ils m'ont donné des milliers de grasses génisses ; ils m'ont procuré l'holocauste que j'offre aux dieux.

[*]

« Que la race de Manou se propage ! qu'elle croisse comme l'orge dans les champs ! c'est ce Manou qui donne en présent des centaines, des milliers de coursiers.

[*]

« Personne ne peut renverser sa présence ; il est élevé comme le ciel. Les présents du fils de Savarna sont aussi étendus que la mer.

[*]

« Deux princes généreux, Yadou et Tourvasa, entourés de vaches, sont comme deux serviteurs empressés à seconder la munificence de Manou.

[*]

« Qu'il soit heureux ce Manou, ce chef de nos bourgades, ce bienfaiteur opulent. Que sa munificence éclate avec le soleil. Que les dieux prolongent la vie de l'enfant de Sarvana, et que par lui nous jouissions, infatigables dans nos œuvres, d'une heureuse abondance. »

XIII

HYMNE A AGNI-VAYOU ET SOURYA

« L'Être couronné de rayons a trois formes :
il porte le feu, l'onde, il porte le ciel et la terre. Il
est de toute clarté qui frappe nos ye ux; il est l'astre
que vous voyez.

**
* *

« Les divins Mauvis, dont les rayons servent de
guides à Vayou, se revêtent d'une noire enveloppe.
Ils pénétrent au sein du nuage, et suivent la direc-
tion du vent.

**
* *

« Ils s'écrient dans leurs pieux transports : Nous
sommes les Mauvis attachés aux vents. O mortels,
vous voyez nos corps.

***

« Le Mauvi des vents, devenu l'ami des dieux, est empressé de seconder leurs œuvres, marche avec l'air, jetant son corps sur tous les corps.

***

« Ce Mauvi est le coursier du rapide Vayou et l'ami respecté par ce dieu. Il visite les deux mers, celle de l'orient et celle de l'occident.

***

« L'*Être* rayonnant, est celui qui voyage sur la route des Apsaras. des Gandharwas, des rapides sangliers de l'air. C'est aussi le sage ami de la maison, l'auteur des sucs les plus enivrants.

***

« L'*Être* rayonnant est encore Vàyou, qui avec Roudra boit à la coupe remplie de l'eau céleste, qui pour lui agite l'air et brise ce qui ne veut pas plier. »

Agni, Vayou, et Sourya reçoivent ordinairement dans leur réunion, le nom de Trinité Védique; c'est en effet cette triade qui se dégage le mieux de l'ensemble des hymnes du Rig-Véda. Bien que tous les poëtes du Rig ne l'aient pas comprise de la même manière, il est certain que c'est cette trinité un peu vague, car ses attributs sont souvent donnés à Indra, Mitra et Varouna, autre triade védique, qui a précédé et préparé la trinité définitivement manifestée dans la théologie Brahmanique, sous les noms de :

BRAHMA-VISCHNOU-SIVA.

DE QUELQUES HYMNES PARTICULIERS

QUI ONT PRÉCÉDÉ

LFS CONJURATIONS MAGIQUES DE L'ALBARVA-VEDA

I

INVOCATION POUR LA GUÉRISON DES MALADES

« De tes yeux, de ton nez, de tes oreilles, de tes
lèvres, de ta cervelle, de ta langue, j'enlève la maladie qui attaque la tête.

« De ton col, de tes nerfs, de tes os, de tes épaules,
de tes bras, j'enlève la maladie, qui attaque le haut
du corps.

« De tes intestins, de ton fondement, de ton ventre,
de ton cœur, de tes flancs, de ton foie, de tes chairs,
j'enlève la maladie.

[*]

« De tes jambes, de tes genoux, de tes talons, de
tes pieds, de tes reins, de tes parties honteuses, j'enlève la maladie.

[*]

« Du membre qui chasse les liquides, de tes poils,
de tes ongles, de ton corps, j'enlève la maladie.

[*]

« De tous tes membres, de toutes les parties ve-
lues, de toutes les articulations, de tout ton corps,
j'enlève la maladie.

II

INVOCATION POUR CHASSER LE SOMMEIL

« O maître de l'âme, pars, élève-toi, et d'en haut dis
à Nirriti : « L'âme de l'Etre vivant brille partout. ».

*
* *

« Les hommes, avec bonheur, honorent ce grand
Dieu ; leur âme s'élève avec lui. L'œil se fixe avec
joie sur le fils de Vivaswâu. L'âme de l'Etre vivant
brille partout.

*
* *

« Pendant le sommeil, comme pendant la veille,
nous sommes sujets au mal, qu'il vienne ou non de
votre volonté. Qu'Agni nous délivre de toutes nos
fautes, de tous nos péchés.

* * *

« O Indra, ô maître du sacrifice, nous marchons vers le méchant. Que Pratchetas, fils d'Angiras, nous délivre du mal dont nous menacent nos ennemis.

* * *

« Puissions-nous aujourd'hui remporter la victoire ! puissions-nous vivre à l'abri de tout mal ! Pendant le sommeil, comme pendant la veille, nous sommes exposés au mal. Qu'Agni repousse le méchant que nous détestons ! qu'il repousse ce méchant qui nous déteste.

III

INVOCATION POUR LA FEMME ENCEINTE

« O femme, qu'uni au sacrifice, Agni, l'ennemi des
Rackchasas (démons) tue celui qui, sous le nom de
flux de sang, siége dans ton ventre pour nuire à ton
fruit.

*_**

« Oui, qu'Agni, uni au sacrifice, tue le cruel Rackchasas qui, sous le funeste nom de flux de sang,
siége dans ton ventre pour nuire à ton fruit.

*_**

« Le Rackchasas qui attaque le germe que tu sens
frémir et serpenter dans ton sein, et veut détruire
ton fruit, doit périr par nous.

***

« Le Rackchasas qui écarte tes jambes, force l'entrée de ton sein, et s'attache à ton fruit pour le dévorer, doit périr par nous.

***

« Le Rackchasas qui, sous la forme d'un frère, d'un mari, d'un amant, s'approche de toi, et veut détruire ton fruit, doit périr par nous.

***

« Le Rackchasas qui profite de ton sommeil ou des ténèbres pour troubler ta raison, et veut détruire ton fruit, doit périr par nous.

IV

INVOCATION POUR DONNER LA VICTOIRE

« Je suis Richaba, fais-moi vainqueur des ennemis réunis contre moi. Rends-moi triomphant, que je sois le brillant pasteur de vaches fécondes.

***

« Je suis comme Indra l'indomptable, l'invulnérable vainqueur. Tous mes ennemis sont à mes pieds.

***

« Je vous enchaîne sous ma loi, comme avec la corde on lie les deux extrémités de l'arc. O maître de la parole sainte, disperse-les, et que leurs clameurs s'éteignent au-dessous de moi.

* [*] *

« Je suis vainqueur et entouré d'un éclat tout puissant. Vos pensées, vos œuvres, vos armes, tout est à moi.

* [*] *

« J'ai pris tous vos biens, toutes vos richesses. Je dresse ma tête bien au-dessus de vous. Vos cris s'élèvent sous mes pieds, comme ceux des grenouilles hors du marais, oui, comme ceux des grenouilles hors du marais.

V

HYMNE POUR LE SACRE D'UN ROI

« Je t'ai amené au milieu de nous. Sois ferme, soutiens-moi sans trembler. Tout le peuple te désire. Que ta royauté ne chancelle pas.

« Crois aux grandeurs. Ne tombe point; sois comme une montagne inébranlable. Tiens-toi aussi ferme qu'Indra. Affermis ta royauté.

« Qu'Indra, par la vertu d'une ferme holocauste, te soutienne fermement. Que Soma, que Brahmanavasti, lui soit favorable.

« Le ciel est ferme ; la terre est ferme ; ces mon-

tagnes sont fermes; tout ce monde est ferme. Que le
roi des nations soit aussi ferme.

*_**

« Que le royal Varouna, que le divin Vrihaspati,
qu'Indra et Agni, soient le ferme 'soutien de ta
royauté.

*_**

« A un ferme holocauste, nous joignons la ferme
libation de Soma. Qu'Indra rende ton peuple fidèle
à payer l'impôt.

HYMNES A LA CRÉATION SYMBOLIQUE

REPRESENTÉE PAR L'UNION DES SEXES

———

I

HYMNE A L'UNION PRIMORDIALE DU DIEU AU DOUBLE SEXE.

L'ÉPOUSE.

« Je t'ai vu animé par la prière, vivifié, agrandi par les feux de la piété. O toi qui accrois la famille et donnes la richesse, tu désires des enfants, multiplie ta race.

L'ÉPOUX.

« Je t'ai vue enflammée par la prière, et, à l'heure favorable, rapprochant ton corps de moi. Viens, unissons-nous. Tu désires des enfants, multiplie ta race.

TOUS DEUX,

« Répandons nos germes et dans les plantes, et dans tous les êtres. Engendrons des enfants pour les cieux et la terre, et qu'à notre exemple toutes les femmes soient mères par leur union avec le germe fécondant.

II

HYMNE A LA MÈRE D'AGNI.

« Que Vichnou prépare ton sein ; que Twachtri assemble les formes. Que Pradjàpati verse la semence ; que Dhâtri tè donne le germe.

« O Sinivali, et toi Saraswati, donnez-lui ce germe. Que les divins Aswins couronnés de lotus te l'apportent.

« Les Aswins ont agité l'aranî aux reflets dorés. Nous invoquons le fruit que dans dix mois[1] tu dois mettre au monde. »

1. Mois lunaires.

III

HYMNE A. LA CRÉATION

« *Le Juste, le Bon* [1], est né de l'ardente piété, de là naquit aussi la nuit ; et de là l'air mobile, dépôt de tous les germes.

* *　* *

« De l'air mobile est né le temps, l'espace, l'infini. *Le Maître de l'Univers* a établi la distinction du jour et de la nuit.

« Dhâtri, dans le commencement, a formé le soleil et la lune, le ciel et la terre, l'air et la lumière. »

1. Le Bon, n'est-ce pas le nom que donnait Platon au maître de l'univers.

LES TRADITIONS

MYTHOLOGIQUES DES VÉDAS

> « De même qu'il y a des mots grecs qui
> n'ont aucune explication en grec, et qui
> *si on ne les avait comparés au sanscrit* et
> aux autres dialectes de même origine, se-
> raient toujours restés pour le philologue
> de simples sons auxquels aurait été attaché
> un sens conventionnel ; de même il y a
> des noms de dieux et de héros inexplica-
> bles au seul point de vue du grec, et dont
> on ne peut découvrir le caractère primitif,
> *sans les confronter avec les dieux ou les*
> *héros de l'Inde...* »
>
> MAX MULLER.

Des citations, semblables à celle que nous donnons en épigraphe à ce chapitre, sont une inappré-
ciable bonne fortune, surtout lorsqu'elles émanent
d'un adversaire aussi savant que le célèbre professeur d'Oxford.

Il n'est jamais entré dans notre pensée de contester la science de Max Muller, un des hommes de
ce temps-ci qui possèdent le mieux le sanscrit et le
zend, nous nous bornons à soutenir qu'il emploie

18

son indiscutable savoir à édifier un système qui est contraire à la logique des faits, à la véritable critique mythologique et à la nature même de l'homme.

Nous laissons de côté la question de l'indo-européen commun qui nous paraît vidée en faveur du sanscrit, pour aborder le terrain mythologique sur lequel Max Muller a édifié son système.

Dès le début aucune difficulté : notre adversaire constate lui-même que la mythologie grecque est inexplicable sans la mythologie de l'Inde, de même que les parlers indo-européens sont inexplicables si on ne les compare au sanscrit.

Invoquons encore son autorité, dans un passage qui se soude admirablement au passage cité plus haut, et qui vient pour ainsi dire le compléter :

« La découverte de la mythologie des Védas, a été à la mythologie comparée, ce que la découverte du sanscrit a été à la grammaire comparée. »

Remarquons en passant, sans rentrer dans le sujet de la discussion précédente, que Max Muller, chaque fois qu'il ne se croit pas obligé de ressusciter l'indo-européen commun, parce que cela fait partie du système germanique, considère le sanscrit comme la clef de voûte de la grammaire comparée.

Après avoir constaté que toutes les mythologies
ne se peuvent expliquer sans la mythologie des
Védas dont elles découlent, n'est-ce pas enterrer des
propres mains qui l'ont édifié, l'indo-européen commun disparu, dès que l'on constate que le sanscrit
est à la grammaire comparée, ce que la mythologie
des Védas est à la mythologie comparée.

Voyons donc quel est le système d'interprétation
mythologique soutenu par l'école dont Max Muller
est le chef. Les hymnes que nous venons de donner
seront d'un précieux secours pour le lecteur qui
voudra juger par lui-même de l'esprit qui animait
les poëtes des Védas.

Les anciens tentèrent, bien avant nous, d'expliquer leurs mythes religieux, et ils essayèrent différents modes d'interprétation.

« Les mythes, a dit Horace dans son art poétique,
ont été inventés par des hommes sages pour fortifier
les lois et enseigner des vérités morales. »

Evhémère a prétendu au contraire :

« Que les mythes étaient l'histoire légendaire de
rois et de héros transformés en dieux par l'admiration des peuples. »

Épicharme, Empédocle, Socrate, Platon, Aristote, Plotin, Porphyre, Proculus, Damascène et autres, ont soutenu que les mythes étaient destinés à voiler aux yeux du vulgaire des théories physiques, cosmogoniques et théologiques, dont on ne lui faisait part que par allégorie.

Sur ce point Aristote a dit :

« Une tradition venue des anciens et de la haute antiquité, et transmise à la postérité sous forme de mythes, nous apprend que les premiers principes du monde sont des dieux et que le divin embrasse la nature toute entière. Le reste a été ajouté fabuleusement dans le but de persuader le vulgaire, et afin de soutenir les lois et les intérêts communs. »

Dupuis et Volney ont tenté d'expliquer par l'astronomie seule l'origine de tous les mythes religieux.

Rejetant tous ces modes d'interprétation, Max Muller est venu créer tout d'une pièce un système nouveau qui peut se résumer ainsi :

Tous les mythes ne sont que de pures métaphores, que l'on a eu le tort de prendre dans le sens propre, ce ne sont que des maladies du langage. L'explication de tous les mythes doit se faire par la dissection linguistique des noms des dieux et des héros, en un mot, la philosophie, l'histoire, la légende, la croyance religieuse, l'astronomie n'ont rien à voir dans la mythologie, qui doit s'expliquer par la seule étymologie des noms propres, ramenés à leur sens primitif.

Ainsi, jusqu'à ce jour, anciens et modernes avaient cherché à expliquer les mythes par l'histoire des modifications et transformations de la pensée humaine; d'un seul coup de plume Max Muller renverse les travaux de trente siècles d'études, et répond : La mythologie n'a rien à faire avec la marche des idées, elle est née inconsciemment d'une simple transformations de mots.

Au lieu d'affaiblir en le commentant le système de nos adversaires, laissons le soin au plus illustre d'entre eux, selon notre habitude, de l'exposer. La critique, pour rester loyale, doit toujours s'exercer sur un texte :

« Il est de l'essence du mythe que la langue parlée n'en donne plus la clef à ceux qui le racontent [1]. Le caractère plastique du langage primitif, caractère que nous avons signalé dans la formation des noms et des verbes ne suffit pas à expliquer comment un

1. Max Muller. *Mythologie comparée*, traduction de Georges Perrot. Paris, Didier et C°, librairie académique.

mythe a pu perdre la faculté qu'il avait d'abord
d'exprimer une idée sensible, comment la vie
s'en est retirée, comment il a cessé d'avoir conscience de son origine. Tout en tenant compte de la
difficulté qu'il y avait à former des noms et des
verbes abstraits, nous ne pourrions encore expliquer
qu'une chose, la poésie allegorique chez les anciens;
la mythologie même resterait comme une énigme.
Il faut appeler à notre aide un autre élément qui a
joué un grand rôle dans la formation du langage
ancien, et pour lequel je ne trouve pas de meilleur
nom que *polyonymie* et *synonymie.* La plupart des
noms, comme nous l'avons déjà vu, étaient à l'origine des appellations ou des attributs, exprimant ce
qui semblait être le trait le plus caractéristique de
l'objet. Mais comme beaucoup d'objets ont plus d'un
attribut, et que, suivant l'aspect qu'on l'envisageait,
tel ou tel attribut pouvait sembler plus apte à fournir le nom, il arriva nécessairement que la plupart
des objets durant la période primitive du langage
eurent plus d'un nom. Dans la suite, la plupart de
ces noms devinrent inutiles, et furent remplacés
dans les dialectes qui ont été cultivés d'une manière
littéraire, *par un nom fixe, qui était en quelque sorte le
nom propre de l'objet.* Voilà pourquoi plus un langage
est ancien plus il est riche en synonymes.

« Les synonymes doivent naturellement donner

naissance à beaucoup d'homonymes. Si nous pouvions donner au soleil cinquante noms exprimant différentes qualités, quelques-uns de ces noms seraient également applicables à d'autres objets possédant la même qualité. Ces différents objets seraient donc appelés du même nom; ils deviendraient des homonymes.

« Dans les Védas la terre est appelée *urvi*, *vaste; prithvi*, *étendue; mahi*, *grande*. Le dictionnaire védique que l'on appelle *nighantu*, mentionne vingt-et-un noms qui lui sont également donnés. Ces vingt et un noms, sont donc des synonymes. Mais *urvi*, *vaste*, signifie rivière ; *prithvi*, *étendue*, désigne, outre la terre, le ciel et l'aurore; *mahi*, *grande*, *forte*, est employé pour signifier *vache* et *discours*, aussi bien que pour désigner la terre. La terre, la rivière, le ciel, l'aurore, la vache et le discours deviennent donc des synonymes. Ces mots, toutefois, restaient simples et intelligibles. Mais la plupart des termes créés par le langage, au moment du premier épanouissement de la poésie primitive, furent fondés sur des métaphores hardies. Ces métaphores ayant été oubliées, et la signification des racines d'où ces mots avaient été tirés s'étant obscurcie et altérée, beaucoup de mots perdirent non-seulement leur sens poétique, mais encore leur sens radical; ils devinrent de simples noms transmis dans la conversation d'une fa-

mille, compris peut-être par le grand-père, familiers
au père, mais étrangers au fils, et mal compris par
le petit-fils. Cette confusion, ces méprises purent se
produire de différentes manières. Parfois ce fut la
signification radicale d'un mot qui s'oublia : ce qui
était à l'origine un appellatif, un nom, au sens étymologique du mot, dégénérait en un simple son, et
devenait un nom propre. Ainsi Ζεύς qui fut à l'origine un nom du ciel comme le sanscrit Dyaus, devint graduellement un nom propre qui ne trahit son
sens primitivement appellatif que dans quelques
expressions proverbiales, telles que Ζεὺς ὕει ou *sub
jove frigido*.

« Après que la véritable signification étymologique eut été oubliée, il arriva souvent que par une
sorte d'instinct étymologique qui existe même dans
les langues modernes, un sens nouveau s'y attacha ;
ainsi Λυκηγενής fils de la lumière, Apollon, devint le
fils de Lycie ; de Δήλιος le brillant, vint le mythe de
la naissance d'Apollon à Délos.

« Lorsque deux noms désignaient le même objet,
deux personnages sortaient de ces deux noms, et
comme la même histoire convenait à tous les deux,
ils étaient naturellement représentés comme frères
et sœurs ou comme parents. Nous trouvons, par
exemple, Séléné, la lune, à côté de Méné, la lune ;
Hélias (sourya), le soleil, et Phœbus (Rhava, autre

forme de Rudra). Nous pouvons retrouver ainsi dans la plupart des héros grecs des formes humanisées des dieux, avec des noms qui, dans beaucoup de cas, étaient des épithètes de leurs divins prototypes. Il arrivait encore plus fréquemment que des adjectifs liés à un mot parce qu'ils s'appliquaient à un certain objet, étaient employés avec le même mot quoique appliqué à un objet différent. Ce que l'on disait de la mer se disait aussi du ciel, et si l'on appelait une fois le soleil un lion ou un loup, il était bientôt doué de griffes et de crinière, même après que la métaphore animale était oubliée. Ainsi le soleil avec ses rayons dorés pouvait être appelé « à la main dorée, » *main* étant exprimé par le même mot que *rayons*. Mais quand la même épithète s'appliquait à Apollon ou à Indra, un mythe se formait ; c'est ainsi que, dans la mythologie sanscrite, nous lisons qu'Indra perdit sa main, et que cette main fut remplacée par une main d'or.

« Ceci nous donne quelques-unes des clefs de la mythologie ; mais la philologie comparée peut seule nous apprendre à nous en servir. De même qu'en français il est difficile de trouver le sens radical des mots, à moins de les comparer aux formes corres" pondantes en italien, en provençal ou en espagnol ; de même il nous serait impossible de découvrir l'origine de plus d'un mot grec, sans le comparer à

ses corrélatifs plus ou moins altérés, en latin, en
allemand, en slave et en sanscrit... Le sanscrit a
conservé ses mots dans l'état le plus voisin de l'état
primitif [1]; et quand nous réussissons à retrouver
un mot latin ou grec dans sa forme correspondante
en sanscrit, nous pouvons généralement expliquer
sa formation et déterminer sa signification radicale.
Que saurions-nous du sens primitif de πατήρ, μήτηρ,
θυγάτηρ, si nous étions réduits à la connaissance du
grec? Mais dès que nous retrouvons ces mots en
sanscrit, leur pouvoir primitif est clairement indi-
qué. Ottfried Muller a été un des premiers à voir et
à reconnaître que la philologie classique doit aban-
donner à la philologie comparée toutes les recherches étymologiques, et que l'origine des mots grecs,
ne peut s'établir que par leur comparaison avec des
mots grecs. Ceci s'applique avec une force particulière aux noms mythologiques. Afin de devenir mythologiques, il était nécessaire que certains noms
perdissent leur sens radical. Ainsi, ce qui dans une
langue était mythologique était souvent naturel et
intelligible dans un autre. Nous disons : « Le soleil
se couche, » mais dans la mythologie teutonique,
un siége ou un trône est donné au soleil, et il s'y
asseoit; comme en grec Eos est appelé χρύσοθρονος, ou

---

1. Donc c'est le type commun du parler indo-européen.

comme le grec moderne, en parlant du soleil qui se couche, dit ηλιος βασιλεύει. Nous doutons du sens étymologique du nom d'Hécate, mais nous comprenons de suite Εκατος et Εκατήβολος. Nous hésitons à propos de *Lucina*, mais nous acceptons immédiatement le latin *Luna*, qui est une simple contraction de Lucna.

« Ce qu'on appelle vulgairement la mythologie indoue est de peu d'usage pour ces sortes de comparaisons. Les histoires de Siva, de Vischnou, de Mahadéva, de Parvati, de Kâli, de Crishna, etc., sont d'origine récente (relativement aux dieux védiques, ou plutôt ils sont des transformations brahmaniques des dieux védiques) propres à l'Inde et pleines de conceptions étranges et fantastiques. Cette mythologie récente des Pouranas (nous examinerons ce point en détail) et même des poëmes épiques, n'est d'aucun secours pour la mythologie comparée ; mais tout un monde de mythologie primitive, naturelle et intelligible, nous a été conservé dans les Védas.

« La découverte de la mythologie des Védas a été à la mythologie comparée ce que la découverte du sanscrit a été à la grammaire comparée. Il n'y a heureusement aucun système de religion ou de mythologie dans les Védas. Les noms sont employés dans une hymne comme appellatifs, dans un autre comme des noms de dieux. La nature des dieux est encore transparente, et leur conception première, dans beaucoup de cas, est clairement perceptible. Il n'y a aucune généalogie, aucun mariage arrangé entre les dieux et les déesses. Le père est quelquefois le fils, le frère et le mari, et la divinité féminine qui dans une hymne est la mère, dans une autre est l'épouse. Les conceptions du poëte variaient, et avec elles changeait la nature des dieux. Nulle part l'immense distance qui sépare les anciens poëmes de l'Inde de la plus ancienne littérature de la Grèce, n'est plus vivement sensible que lorsque nous comparons les mythes des Védas, qui sont tous des mythes en voie de se faire, avec les mythes formés et vieillis sur lesquels est fondée la poésie d'Homère. La véritable théogonie des races aryennes (indo-européennes) est dans les Védas.

« La théogonie d'Hésiode n'est qu'une reproduction informe de l'idée primitive. Il faut lire les Védas pour savoir à quelle nature de conception, l'esprit humain, bien que doué de la conscience naturelle d'un pouvoir divin, est inévitablement amené par la force irrésistible du langage appliqué aux idées surnaturelles et abstraites. Pour faire comprendre aux Indous qu'ils adorent de simples noms de phéno-mènes naturels graduellement obscurcis, puis personnifiés et déifiés, il faudrait encore recourir aux Védas.

« C'était une erreur des premiers pères de l'Église de traiter les dieux païens de démons ou de mauvais esprits, et nous devons éviter de commettre la même méprise relativement aux dieux des Indous. Leurs dieux n'ont pas plus de droits à une existence substantielle qu'Eos ou Emera, que Nyx ou Apaté. Ce sont des masques sous acteurs, des créations de l'homme et non ses créateurs; ils sont *nomina* et non *numina*, des noms sans êtres, et non des êtres sans noms. »

Après cette exposition de principes, que nous ne voulons pas encore examiner, Max Muller étaye son système par l'explication d'un mythe védique, d'où il fait sortir le mythe grec de Daphné.

Nous continuons à citer :

« *Ahan* en sanscrit est un des noms du *jour*; or, *ahan* est dit-on pour *dahan*, comme *asru*, larme, pour *dasru*, grec δαχρυ. Si nous devons admettre une perte accidentelle de ce *d* initial, ou bien si le *d* doit être plutôt considéré comme une lettre secondaire, introduite pour donner à la racine *ah* un caractère de détermination plus marqué, c'est là une question où nous n'avons point à entrer pour le moment. En sanscrit, on trouve la racine *dah*, qui signifie brûler, et de cette racine on a bien pu former un nom du jour, de la même manière que *dyu* jour est formé de *dyu*, être brillant. Nous n'avons pas à examiner ici, si le gothique *daga*, nom dag-s, jour dérive de ce mot. Selon la règle établie par Grimm, *daha* en sanscrit devrait devenir en gothique *taga* et non *daga*. Cependant, il y a plusieurs racines ou l'aspiration affecte soit la première, soit la dernière lettre, soit toutes les deux. Ceci nous donnerait *dhah* comme un type secondaire de dah, et ferait ainsi disparaître l'apparente irrégularité du gothique daga. Bopp semble disposé à considérer *daga* et *daha* comme identiques à l'origine. Il est certain que la même racine qui a formé les noms teutoniques du jour, a aussi donné naissance au nom de l'aurore. En allemand nous disons *der morgen tagt ;* en vieil anglais, jour se disait *dawe;* tandis que le verbe exprimant l'apparition de l'aurore, était en anglo-saxon, dagian.

« Or dans les Védas, un des noms de l'aurore est *ahana*. Il ne s'y rencontre qu'une fois (R-V. 1, cxxiii, 4.)

> Griham, griham, Ahanâ yâti akkha
> Divé, Divé adhi nâma dadhânâ
> Sisâsanti Dyotanâ sasvat â agât
> Agram, agram it bhagate vasûnâm.

> « Ahanâ (l'aurore) s'approche de chaque maison
> Elle qui fait connaître chaque jour
> Dyotana (l'aurore), l'active jeune fille revient toujours
> Elle jouit éternellement du [premier de tous les biens.

« Nous avons déjà vu l'aurore dans diverses relations avec le soleil; mais nous ne l'avons pas encore vue comme l'amante du soleil fuyant devant son amour, et détruite par son étreinte. C'était là pourtant une expression très-familière dans le vieux langage mythologique des Aryens. L'aurore est morte dans les bras du soleil, l'aurore fuit devant le soleil, ou le soleil a brisé le char de l'aurore, étaient des expressions signifiant simplement, le soleil est levé, l'aurore a disparu. Dans un hymne des Védas célébrant les exploits d'Indra (R-V. iv, xxx) la principale divinité solaire des Védas, voici ce que nous lisons.

« Voici encore une forte et mâle prouesse que tu as accomplie, ô Indra : tu frappes la fille de Dyaus (l'aurore), une femme qu'il est difficile de vaincre.

« Oui, même la fille de Dyaus, la glorieuse, l'aurore, toi, Indra, grand héros, tu l'as mise en pièces.

« L'aurore se précipita à bas de son char brisé, craignant qu'Indra le taureau ne la frappât.

« Son char gisait là brisé en morceaux; quant à elle, elle s'enfuit bien loin.

« Dans ce cas Indra traite bien cavalièrement la fille du ciel; mais dans d'autres, nous la voyons aimée par tous les dieux brillants du ciel, sans en excepter son propre père.

« En traduisant, ou plutôt en transcrivant lettre

par lettre *Daband,* en grec, nous avons Daphné, et toute l'histoire de Daphné devient ainsi intelligible. Daphné est jeune et belle, Apollon l'aime ; elle fuit devant lui et meurt quand il l'embrasse avec ses brillants rayons, ou comme dit un autre poëte des Vedas (X,CLXXXIX).

« L'aurore s'approche de lui ; elle expire dès que l'être puissant qui illumine le ciel commence à respirer. »

« Quiconque aime et comprend la nature comme les poëtes primitifs peut se figurer encore Daphné et Apollon, c'est-à-dire l'aurore, tremblant et se précipitant à travers le ciel, puis s'évanouissant à l'approche soudaine du brillant soleil.

« La métamorphose de Daphné en laurier, est une continuation du mythe toute particulière à la Grèce. Daphné, en grec, ne signifiait plus l'aurore, mais était devenu le nom du laurier. L'arbre Daphné fut donc consacré à l'amant de Daphné, et la fable voulut que Daphné elle-même fût changée en arbre, quand elle pria sa mère de la protéger contre la violence d'Apollon.

« Sans le secours des Védas le nom de Daphné et la légende qui y est attachée seraient restés inintelligibles ; car le sanscrit moderne ne donne aucune clé de ce nom. Ceci prouve la valeur des Védas pour la mythologie comparée ; une telle science avant la découverte de ces livres ne pouvait être qu'un amas d'hypothèses sans principes fixes, ni bases solides.

« Pour montrer de combien de manières différentes la même idée peut être exprimée mythologiquement, je me suis borné au nom de l'aurore. L'aurore est réellement une des plus riches sources de la mythologie aryenne. Une autre classe de légendes personnifiant la lutte entre l'hiver et l'été, le retour du printemps, le renouvellement de la nature n'est, dans la plupart des langues, qu'un reflet et une amplification d'histoires plus anciennes, racontant la lutte entre le jour et la nuit, le retour du matin et la renaissance du monde entier. Les histoires de héros solaires combattant au milieu de l'orage et du tonnerre contre les puissances de l'obscurité sont empruntées à la même source..... ·

« Ainsi le lever du soleil était la révélation de la nature; il éveillait dans l'esprit humain ce sentiment de dépendance, d'impuissance, d'espoir, de joie et de foi en des puissances supérieures, qui est la source de toute sagesse et l'origine de toute religion. Mais si le lever du soleil inspira les premières prières et appela les premières flammes du sacrifice, le coucher du soleil fut l'autre moment qui émut le plus le cœur de l'homme, qui remplit son âme d'une sorte de recueillement mêlé de crainte. Les ombres de la nuit approchent; le pouvoir irrésistible du sommeil saisit l'homme au milieu de ses plaisirs, ses amis le quittent et dans sa solitude, ses pensées se tournent de nouveau vers les puissances d'en haut. Quand le jour disparaît, le poëte se lamente sur la mort prématurée de son brillant ami, il voit dans cette courte carrière l'image de sa propre vie. La place où le soleil couchant se retire dans l'occident lointain, se peint dans son esprit comme la demeure où il ira après sa mort, où ses pères allèrent avant lui et où les hommes sages et pieux se réjouissent dans une nouvelle vie avec Yama et Varouna.

« Souvent, au contraire, il considérait le soleil, non comme un héros, dont la vie est courte, mais comme jeune, ne changeant pas, toujours semblable à lui-même, tandis que les hommes mortels passent, génération après génération. Et de là, par la simple force du contraste, la première révélation d'êtres qui ne vieillissent ni ne déclinent, d'immortel et d'immortalité. Alors le poëte suppliait le soleil immortel de revenir pour accorder au dormeur un nouveau matin.

« Le dieu du jour devenait le dieu du temps, de la vie et de la mort. Quels sentiments le crépuscule du soir, le frère de l'aurore, renouvelant avec une lumière plus sombre les merveilles du matin, n'a-t-il pas dû éveiller chez le poëte rêveur? Combien de

poëmes dut-il avoir inspiré dans le langage vivant
des anciens temps? Était-ce l'aurore qui venait
encore embrasser une dernière fois celui qui le matin s'était séparé d'elle? Était-elle la déesse immortelle sans cesse revenant, tandis que lui, le mortél,
le soleil, meurt chaque jour? Ou était-elle l'amante
immortelle disant un dernier adieu à son immortel
amant, brûlé pour ainsi dire sur le même bûcher
qui devait la consumer, tandis que lui il s'élèverait
au séjour des dieux.

« Supposons ces simples scènes exprimées dans le
langage des temps anciens, et nous nous trouverons
en présence d'une mythologie pleine de contradic-
tions et d'inconséquences, le même être étant représenté comme mortel ou immortel, comme homme
ou comme femme, selon que l'œil de l'homme changeait de point de vue et prêtait ses propres couleurs
au jeu mystérieux de la nature. »

Voilà en quelques pages, le résumé complet des
procédés de l'école de Max Muller. Et si l'on veut
une forme plus concise encore, le professeur
d'Oxford nous la donne en quelques mots :

*« Les dieux des Indous n'ont aucun droit à une existence
substantielle... ce sont des masques sans acteurs... des
noms sans êtres et non des êtres sans noms. »*

En d'autres termes, et là est le point capital du mode d'interprétation de Max Muller, les primitifs Indous n'ont eu la conception d'aucune force divine à titre de personnalité, les poëtes védiques comme plus tard les mythologues de la Grèce, ont chanté les éléments, l'inflni, l'espace, l'eau, la terre, la lumière, les vents, les nuages, les astres, l'aurore, le soleil, etc... à l'aide de métaphores brillantes, que l'on a eu le tort plus tard de prendre dans le sens propre. On est arrivé à des ficticns divines, avec des formes poëtiques de langage que l'on ne comprenait plus, et qui n'avaient été au début que des *noms sans être, nomina et non numina*..

Un pareil système ne peut soutenir l'examen scientifique, et tout le savoir de notre illustre adversaire ne saurait nous le faire admettre.

Que le lecteur se reporte aux hymnes que nous venons de donner, et qu'il nous dise, s'il est possible de croire que ces invocations au maître souverain, à Vischnou, à Agni, à Mitra, à Varouna, etc..... se soient adressées à des métaphores, à des noms sans êtres, et si tous ces dieux auxquels s'adressaient les poëtes védiques, leur offrant le soma, les priant de les protéger, de leur accorder de nombreux troupeaux de vaches, n'avaient pas dans la pensée de leurs adorateurs, une existence personnelle et agissante.

Est-il rien de plus clair, de plus concluant que l'idée renfermée dans les strophes suivantes :

« J'appelle à notre secours, le Divin, *le Grand* habitant de l'air, *Celui* qui produit les eaux et les plantes, *l'Illustre Maître* des ondes qui dispense la pluie au moment convenable.

****

« L'Esprit Divin qui circule au ciel, on l'appelle Indra, Mitra, Varouna, Agni. Les sages donnent à *l'Être unique* plus d'un nom.....

****

« Le Seigneur maître de l'Univers, et rempli de sagesse, est entré en moi, faible et ignorant, et m'a formé *de lui-même*, dans ce lieu où les esprits obtiennent avec la *science*, la jouissance paisible de ce fruit doux comme l'ambroisie.

****

« Il est des *êtres*, dit-on, qui viennent vers nous et s'en retournent ; des *êtres* qui s'en retournent et qui reviennent, ô Indra, ô Soma, les mondes éthérés portent vos œuvres comme un char son fardeau. »

Est-il possible de refuser à l'auteur de ces stances

une conception nette et définie de la force divine, de l'Être unique, souverain maître et créateur de l'Univers. On pourra discuter éternellement sur le point de savoir si le Rig-Véda est monothéiste ou polythéiste, si après avoir admis *cet être unique* auquel les sages donnent plus d'un nom, il ne considère les autres dieux que comme des manifestations inférieures de sa puissance, des mandataires en un mot : mais on ne fera jamais admettre que toutes les divinités du Rig-Véda n'ont été dans l'esprit de ceux qui les ont créés que des noms sans êtres, moins que des fictions, de pures métaphores.

Que les poëtes védiques aient chanté les éléments, cela ne saurait faire l'ombre d'un doute, mais ils ne les ont chantés que comme les manifestations extérieures de la puissance de cet *Être unique, auquel les sages donnent plus d'un nom*. Il serait par trop singulier de croire que les Indous adressaient leurs prières, leurs vœux *à des noms sans êtres*. L'esprit de système conduit à l'absurdité.

Lorsque notre adversaire soutient que les Indous *adorent de simples noms de phénomènes naturels, sous lesquels ne se cachent aucune personnalité;* quand du fond de son cabinet, à l'aide de l'exégèse de la nouvelle école dont il est le chef, il condamne des millions d'hommes à s'agenouiller devant de pures métaphores poëtiques; lorsqu'il soutient que les dieux indous n'ont pas été créés par la fiction religieuse, mais par des altérations de mots, par *des maladies du langage* suivant sa propre expression, il n'est ni historien, ni psychologiste, et prête au cerveau humain une de ces grosses rêveries allemandes, auxquelles arrivent les gens des bords du Rhin, par la séquestration de leur intelligence, qui se porte vers tout ce qui est étrange, mystique, incompris, et la facilité avec laquelle ils poussent jusque dans ses derniers retranchements, un raisonnement dont les prémisses les ont séduits.

Quand nous regardons de près ces étranges théories et que nous lisons le Rig-Véda, nous nous demandons comment on peut les baser sur ce livre sacré, qui n'est qu'un long chant à la Divinité.

Cent textes semblables à celui-ci pourraient en être extraits.

« Toujours *Un*, quoique ayant trois formes à la double nature, il s'élève! Et les prêtres offrent au *Dieu* dans l'acte du sacrifice leurs prières qui arrivent aux cieux portées par Agni. »

Ainsi ce *Dieu Un quoique ayant trois formes*, possède des prêtres, des autels, on lui offre des sacrifices, et d'après Max Muller,

Les autels auraient été élevés à une métaphore !

Les prêtres adoreraient une métaphore !

Les sacrifices seraient offerts à une métaphore !

Et les Germains accusent les Français de légèreté scientifique, parce que ces derniers, dans leur amour des choses du bon sens, refusent de s'incliner devant ces élucubrations lourdes et pédantesques. Nous aurions tort de trop insister. Un pareil système, qui détruit l'*idée* au profit du *mot*, qui explique l'histoire des transformations religieuses et des mythes, par des racines et des étymologies, est condamné à priori à l'impuissance, ce n'est pas avec des tours de force linguistiques que l'on peut faire l'histoire de la pensée humaine.

Nous avons d'autant plus de raison de refuser toute importance scientifique à ce système, que son auteur lui-même, le bat en brèche sans s'en apercevoir, dans les lignes suivantes :

« Quand le jour disparaît, le poëte se lamente sur la mort prématurée de son brillant ami, et il voit dans cette courte carrière l'image de sa propre vie. La place où le soleil couchant se retire dans l'occident lointain se présente à son esprit comme la demeure où lui-même *ira après sa mort, ou ses pères allèrent avant lui*, et où les hommes sages et pieux se réjouissent dans une nouvelle vie avec Yama et Varouna. »

Max Muller ne voit pas qu'avec cette simple phrase il ruine de ses propres mains toutes ses théories.

Il vient de soutenir que les Indous adoraient *de simples noms de phénomènes naturels*, sans *personnalité*, que leurs dieux *étaient des masques sans acteurs, des noms sans êtres, nomina et non numina*, et le voilà maintenant qui leur concède la notion de l'immortalité de l'âme, et la croyance au céleste séjour « *où les ancêtres sont allés avant eux*, et où des hommes sages se réjouissent dans une nouvelle vie avec Yama et Varouna. »

Nous serions bien tenté de demander au professeur d'Oxford, si cette vie nouvelle où se réjouissent les hommes sages n'est qu'une métaphore sans réalité, si ces ancêtres qui sont déjà parvenus au séjour céleste, ne sont que des excroissances linguistiques, et si Varouna et Yama, les dieux des sphères célestes, ne sont que des maladies du langage, qui s'expliquent par des altérations de radicaux ?.... mais il est inutile d'éterniser un débat désormais sans objet.

L'histoire, la philosophie, la fable religieuse, l'archéologie, l'astronomie et la philologie, prises' chacunes isolément, sont impuissantes à expliquer les mythes qui encombrent le berceau de l'humanité ; tel mythe en effet appartient à la conception purement religieuse, tel autre a une origine astronomique; il en est qui se dégagent de la légende, d'autres de l'histoire, ce n'est donc que par l'accord de toutes ces sciences, que l'on pourra arriver à la véritable interprétation mythologique.

LES PRINCIPAUX DIEUX DES VÉDAS

Dans un ouvrage spécial sur la mythologie comparée, nous étudierons la formation de toutes les primitives conceptions des quatre grandes civilisations anciennes, celles de l'Inde, de la Chaldéo-Babylonie, de l'Égypte et de la Grèce. Nous devons nous borner dans ce livre à classifier pour ainsi dire les dieux du Panthéon védique, et à montrer comment de la conception primitive de l'Inde sont sorties toutes les fables religieuses de l'humanité.

LE PANTHÉON DES VÉDAS

1° *L'Être unique.* — L'esprit divin qui circule au ciel de qui tout émane, dont on ne parlait qu'avec une religieuse terreur, et dont il était interdit de prononcer le nom mystique figuré par le monosyllabe composé de trois lettres représentant ses trois attributs de création, de transformation et de conservation.

$$A - U - M$$
$$\text{AUM !}$$

Suivant cette expression du Rig « les sages donnent à l'Être unique plus d'un nom, » les poëtes védiques le chantent dans toutes les manifestations de la nature.

2° *Agni*. — Dieu du feu, des hymnes et des sacrifices, la légende fait sortir de la bouche de ce dieu, le Rig-Véda.

3° *Angiras*. — Nom d'Agni, représenté comme le pontife céleste sans cesse occupé à présenter au dieu les sacrifices et les prières des mortels.

« Je chante Agni, le Dieu prêtre et pontife, le magnifique Agni, héraut du sacrifice.

« Agni, toi qui portes le nom d'*Angiras*, le bien que tu feras à ton serviteur tournera à ton avantage. »

4° *Vayou*. — Dieu du vent et de l'air.

5° *Indra*. — Dieu de l'Éther. Les poëtes védiques le considèrent comme l'élément universel dans lequel tout se féconde et se dissout tour à tour.

6° *Mitra*. — Dieu du jour.

7° *Varouna*. — Dieu de la nuit.

8° Les *Aswins*. — Deux cavaliers jumeaux, l'un est le dieu du crépuscule du matin, et l'autre celui du crépuscule du soir. Certains commentateur les identifient avec le soleil et la lune.

9° — Les *Viswas*. — Dieux protecteurs du foyer domestique.

10° *Saraswati*. — Déesse de l'éloquence et de la prière, épouse de Brahma, un des noms du maître des dieux.

11° *Ila*. — Déesse de la poésie.

12° *Bhârati*. — Déesse des hymnes religieux.

13° Les *Vritras*. — Sortes de mauvais génies toujours en guerre avec Indra, comme Jupiter l'était avec les Titans.

14° Les *Marouts*. — Dieux inférieurs, qui représentent les vents et qui sont sous les ordres de Vayou.

15° *Vrihaspati*. — Agni personnifié dans le feu du sacrifice. On lui attribue une légende curieuse dont M. Langlois rend compte en ces termes :

« Au sein de la nuit, représentée par une vaste caverne, sont enfermées les vaches célestes gardées par les Assouras, enfants de Bala. Vrihaspati réclame ces vaches; une chienne divine nommée Saramâ, et

qui n'est que la voix de la prière, est envoyée à la
découverte. Indra, le dieu du ciel qui commence à
s'éclairer, marche avec les Marouts et les Angiras
(prêtres) à la délivrance de ces vaches, et il brise
la caverne, ou elles sont renfermées. De tous ces
détails on a composé une légende dont nous venons
d'indiquer quelques traits et qui peut avoir quelques rapports avec la fable de Cacus. Les vaches
que j'appelle célestes me semblent être ici les rayons
du soleil. Dans d'autres passages ce mot désignera
les nuages qui répandent sur la terre l'eau, qui est
pour elle une espèce de lait. Je me trompe fort si
cette explication ne doit pas être aussi celle de l'histoire de la vache Io chez les Grecs, laquelle est
donnée en garde à Argus. »

16. *Rakchasas*. — Esprits mauvais, Devas infé-
férieurs qui se sont révoltés contre la Divinité, et
sont toujours en lutte avec les dieux et les hommes.

17. Les *Apris*. — Divinités féminines qui sont la
personnification des formes, qualités et manifestations d'Agni.

18. *Twachtri*. — Dieu de la foudre, forge les armes
célestes des dieux. C'est le Vulcain védique.

19. Les *Adytyas*. — Dieux des douze mois.

20. Les *Ritous*. — Dieux des saisons au nombre de
six.

21. *Nechtri.* — Conducteur céleste, accompagne le feu du sacrifice à la demeure d'Agni.

22. *Swaha.*— Personnification de la prière, épouse de Nachté.

23. *Soma.* — Dieu de la libation.

24. Les *Ribhous.* — Suite de demi-dieux, mortels déifiés pour leurs bonnes œuvres.

25. *Savitri.* — Un des noms de Sourya, dieu du soleil.

26. *Hotra.*—Déesse de l'invocation, épouse d'Agni.

27. *Varoutri.* — Déesse de la prière dans certaines cérémonies.

28. *Dichana.* — Déesse de la pensée.

29. *Agnayi.* — Épouse de Varouna.

30. *Gandharva.*—Un des noms de Sourya.

31. *Aditi.* — Mère de la nature.

32. *Prithivi.* — Déesse de la terre.

33. *Détyas.* — Êtres malfaisants, toujours en guerre avec les dieux.

34. *Satchi.* — Déesse de la sagesse.

35. *Abi.* — Dieu du beau temps.

36. *Vritra.* — Dieu des tempêtes.

37. *Samyou.* — Dieu du bonheur.

38. Les *Vasous.* — Demi-dieux inférieurs.

39. Les *Roudras.* — Demi-dieux inférieurs.

40. *Roudra.* — Terrible dieu, sans cesse occupé à lutter avec les vents et les orages.

41. *Savya.* — Fils d'Angiras, dieux des libations domestiques.

42. *Dânou.* — Déesse des brumes, mère de Vritra.

43. *Ousouas.* — Dieu qui préside aux astres, réside dans la planète Vénus.

44. Les *Satwaâs.* — Sortes de démons alliés des Rakchasas.

45. Les *Devas.* — Demi-dieux du ciel d'Indra.

46. *Trita.* — Dieu des libations liquides.

47. *Tchandramas.* — Dieu des constellations.

48. *Sourya.* — Dieu du soleil.

49. *Aghâ.* — Déesse du mal.

50. *Aghas.* — Dieux des constellations.

51. *Amrita.* — Déesse de l'ambroisie.

52. *Apsaras.* — Nymphes des eaux.

53. Dieu du soleil personnifié dans le mois.

54. *Brahmanaspati.* — Déesse du sacrifice.

55. Les *Cavyas.* — Demi-dieux, mânes des ancêtres de la race humaine.

56. Les *Dasyous.* — Demi-dieux géants, escaladaient le ciel en entassant des rochers, furent précipités par Indra.

57. *Jama.* — Juge des enfers.

58. *Dharma.* — Dieu du devoir.

59. *Garouda.* — Fils du soleil.

60. Les *Pisatchas.* — Demi-dieux, esprits mauvais.

61. *Pitris*, Demi-dieux, mânes des ancêtres.
62. *Siva*. — Dieu de la décomposition.
63. *Vischnou*. — Dieu de la conservation.
64. *Ahana*. — L'aurore.

Nous n'avons fait entrer dans cette classification que les dieux inférieurs, créés par l'imagination de certains poëtes védiques, nommés une fois ou deux seulement ; ils n'ont qu'un rôle d'exception dans la mythologie des Védas et sont sans importance pour expliquer la création des fables religieuses des Indous.

LA TRADITION DES VÉDAS

SA MARCHE DANS LE MONDE

Nous ne pouvons, dans cet ouvrage, reprendre un à un les noms de tous les dieux védiques, et expliquer le mythe qui leur a donné naissance. Ce travail, ainsi que nous venons de le dire, exige une étude spéciale, et cette étude qui nous occupe depuis de longues années, dépassera de beaucoup les bornes d'un volume. Mais s'il ne nous est pas possible d'aborder ce sujet dans un chapitre, du moins, pouvons-nous dégager de la légende mythique la pensée générale qui a guidé tous les rapsodes du Rig-Véda.

Au-dessus de l'univers se trouve l'*Être souverain*, créateur de tout ce qui existe et dont le souffle — asoura — a fécondé l'Infini.

Ce Dieu a trois formes, et reste Un, et sous ces

trois formes qui représentent des attributs; tantôt
il est désigné sous les trois noms de :

Agni — Indra — Sourya

Le Feu — l'Ether — le Soleil.

Tantôt et suivant le poëte qui chante, il est représenté par un seul de ces noms.

L'Univers, c'est-à-dire la nature entière, a été
divinisée sous le nom d'Aditi. Et la terre mère des
hommes, sous ceux de Prisni ou de Prithivi.

Varouna vient ensuite qui représente le ciel étoilé;

Puis Vayou, qui est l'air;

Roudra, le vent;

Les Marouts, les brises ;

Les Aswins, les deux crépuscules;

Et enfin Ousha ou Dahana, l'aurore.

Voilà la conception primitive dans toute sa simplicité. Et le Dieu unique aux trois formes a, autour de lui, des mandataires suffisants, pour se
livrer à son œuvre de perpétuelle fécondation, de
création constante.

Des trois formes manifestées du Dieu, Indra-Agni-
Sourya, toutes trois pourvues d'épouses, vont naître
l'armée des dieux mandataires inférieurs qui chacun
dans un rôle militant livrera le combat du bien
contre le mal, de la vie contre la mort.

Pour beaucoup de poëtes du Rig, le Dieu Un se manifeste surtout dans Indra, qui absorbe Agni et Sourya et qui est le perpétuel dispensateur de la vie.

Indra Sourya, c'est-à-dire Indra-soleil, d'après MM. Max Grazia et Jules David, « est le dieu le plus distinct, le plus évident, et le plus actif de tous les dieux.... Rien n'est douteux dans sa puissance, rien n'est équivoque dans ses diverses manifestations. Son séjour est dans le ciel, mais son empire est aussi bien sur la terre que dans les airs, dans l'espace qu'il remplit, dans la nature qu'il éclaire, échauffe et féconde. Les animaux lui doivent la vue pour se diriger; les hommes l'intelligence pour le comprendre; il donne aux montagnes leur physionomie, à la plaine sa parure, au fleuve son scintillement, à la fleur sa beauté, à tous les êtres, ce qui les caractérise et les différencie. Son absence efface toutes les couleurs, l'horizon vide, éteint tous les yeux, confond tous les esprits, détruit toute invidualité et remplace par un chaos temporaire l'harmonie des mondes, qui n'est autre chose pour les hommes primitifs que la lumière. »

Pour M. Eug. Burnouf, *un maître*, Indra est le symbole de l'énergie de la vie fécondée par le soleil.

Voici le passage dans lequel cet éminent indianiste explique sa pensée qui, comme une vive lueur, éclaire toute la primitve Mythologie védique.

« J'appelle Indra la puissance météorique du so-leil. Ahi, Sushna, Vritra, le nuage sous ses aspects, Marouts les vents déchaînés. Indra ne va-t-il pas jouer dans les airs le même rôle qu'un roi puissant à la tête de son armée? C'est le dieu de la lutte par excellence : on l'appelle Indra, de la racine Ind, ré-gner, Arya comme les nobles seigneurs du temps, Sorsipa, ou beau nez, pour distinguer le chef par ce signe de noblesse, des ennemis au nez aplati, que l'on appelait Daysous, et que l'on nomme ici Dàvanas; on le nomme Kchattrya comme les princes féodaux; on le nomme Raja, car il est vraiment roi des cieux; il est Div, c'est-à-dire paré de vêtements brillants; il est çakra, c'est-à-dire puissant. Voici maintenant son cortége et son œuvre comme le Véda nous les présente. Quand la nuit touche à son terme, une fine lueur se répand d'en haut et com-mence à rendre visibles les silhouettes des arbres et des collines. L'âne s'éveille le premier et donne avis à toute la nature que le roi du ciel est en route et qu'il approche. C'est cette bête si belle dans les con-trées du Midi, et dont la nôtre n'est qu'une grotes-que dégradation, que les Aryas ont donnée pour atte-lage aux cavaliers célestes, aux deux Açwins véridi-ques, courriers matinaux et médecins vigilants, qui

viennent avec la clarté pour remède, guérir la nature
entière des maux et des erreurs de la nuit.

« O Aswins, écoutez l'hymne que
chantait en votre honneur un homme
errant dans les ténèbres, hymne que
que j'ai répétée en recouvrant la vue
par votre protection, auteurs de tout
bien. »

(*Canivau*, 1, 241, RIG.)

« Avec nos coursiers aux ailes d'or
rapides, doux innocents, s'éveillant
avec l'aurore, humides de rosée, heureux et disposés à faire des heureux,
venez à nos sacrifices, comme les
abeilles au miel.

***

« Vos rayons avec le jour repoussent les ténèbres et projettent au loin
dans l'air les lueurs brillantes. Le soleil attelle ses coursiers. »

(*Vamadéva*, 1, 191, RIG.)

Le char des Aswins à trois siéges, sur un desquels
est placée la fille du soleil, Arjuni, cette charmante

lumière que le regard des dieux suit avec un pur amour ; la jeune et aimable fille est emportée par eux dans leur course circulaire.

Alors apparaît l'aurore, sœur de la nuit, elle est sur un char éclatant, rougeâtre, elle ouvre les portes de l'Orient, elle s'avance, elle s'étend, elle remplit le monde de clarté.

> « Ousha se dévoile comme une femme
> couverte de parure, elle semble se lever
> et se montrer à la vue, comme une
> femme qui sort du bain. Elle a tissé la
> plus belle des toiles ; et toujours jeune
> elle précède à l'Orient la grande lu-
> mière.
>
> (*Satyasravas*, 11, 375, Rig.)

« En effet, voici le roi lui-même, voici Indra. Le ciel n'est plus rougeâtre, les Aswins ont été plus loin vers l'Occident, l'aurore disparaît comme eux, c'est le cortége royal qui va venir.

« Indra est monté sur un char d'or, traîné par des coursiers jaunes ; il est lui-même tout resplendissant d'or ; dans la main, la foudre qui est sa flèche, sur son char est le disque d'or, aux bords tranchants. Il a pour cocher l'habile et prudent Matâli.

« L'escorte d'Indra est composée des Marouts,

qui sont au nombre de soixante-trois. Matari e wau, (le chien de Matali) est leur chef; il complète le nombre soixante-quatre qui est celui des divisions de la rose des vents. Les Marouts sont traînés par des antilopes, les plus rapides des animaux. Fils de Prisni qui est la terre montueuse, ou de Sindhou qui est l'Indus, ils vont avec bruit autour de leur seigneur, prêts à le soutenir dans la lutte. Du reste eux mêmes sont tous des princes et méritent le nom d'Arias et de Kchatryas, comme Indra qui est leur suzerain et leur chef de guerre.

« Tout ce cortége bruyant, mouvant et lumineux, dont les armes se choquent, et dont les fouets claquent au milieu des airs, s'avance vers le foyer d'Agni, s'y arrête un instant, y reçoit de la main du prêtre, et par l'entremise du feu sacré, le soma, liqueur ardente des guerriers, et les aliments solides de l'offrande. Indra et la brillante armée des rapides Marouts, sont prêts désormais à engager le combat.

« Déjà en présence d'Indra qui s'avance, Ahi, le serpent, fait glisser son corps vaporeux dans les airs, et rassemble des montagnes de nuages. Sushna l'aride, tient les eaux suspendues dans l'atmosphère, les refuse à la terre, dessèche les plaines et les collines, tarit les fleuves, fait périr de faim et de maladies les troupeaux et les hommes. Le sacrifice languit, l'œuvre de la production et de la vie semble près de s'arrêter, les Asouras ne recevront plus les aliments dont ils ont besoin pour accomplir sans fatigue leurs fonctions divines. Tous les êtres sont intéressés dans la lutte. Vritra, celui qui couvre de nuages l'atmosphère, s'est emparé des régions dont Indra est le maître; il y commande, il a voilé la face du resplendissant, et a dérobé à la terre la vue de sa majesté. Mais voici Indra qui s'avance armé de la foudre.

A Indra.

« Je veux chanter les antiques exploits par lesquels s'est distingué le foudroyant Indra. Il a frappé Ahi ; il a répandu les ondes sur la terre ; il va déchaîner les torrents des montagnes.

« Ahi se cachait dans la montagne ; il a frappé de cette arme retentissante, fabriquée pour lui par Twachtri ; et les eaux telles que des vaches qui courent à leur étable se sont jetées au grand fleuve.

* * *

« Magavan a pris sa foudre qu'il va lancer comme une flèche, il a frappé le premier né des Ahis.

* * *

« Aussitôt les charmes de ces magiciens sont détruits ; aussitôt tu sembles donner naissance au soleil, au ciel, à l'aurore. L'ennemi a disparu devant toi.

* * *

« Indra a frappé Vritra, le plus nébuleux de ses ennemis. De sa foudre puissante et meurtrière il lui a brisé les membres, tandis qu'Ahi comme un arbre frappé de la hache, gît étendu sur la terre.

* * *

« Il osait provoquer le dieu fort et victorieux ; il n'a pu éviter un engagement mortel, et l'ennemi d'Indra d'une poussière d'eau a grossi les rivières.

« Privé de pieds, privé de bras il

*
* *

combattait encore ; Indra de sa foudre le frappa à la tête et Vritra tomba déchiré en lambeau.

*
* *

« La mère de Vritra s'abaisse ; Indra lui porte par dessous un coup mortel, la mère tombe sur le fils. Danou est étendue comme une vache avec son veau.

*
* *

« Le corps de Vritra ballotté au milieu des airs agités et tumultueux, n'est plus qu'une chose sans nom que submergent les eaux. Cependant l'ennemi d'Indra est enseveli dans le sommeil éternel.

*
* *

« Indra, roi du monde mobile et immobile, des animaux apprivoisés et sauvages, armé de la foudre, est aussi roi des hommes. Comme le cercle d'une

roue en embrasse les rayons, de même
Indra embrasse toute chose.

> (*Hiramyastovpa* 1,57, RIG.)

« Le résultat de la bataille est que la vie est rendue aux animaux et aux plantes ; c'est l'œuvre d'Indra, prince dispensateur des richesses, trésor iné-
puisable de l'abondance. »

On peut dire que le Rig-Véda tout entier, n'est
qu'un immense chant symbolique de cette lutte
entre la vie et la mort, entre l'esprit de la création
et l'esprit de la destruction, lutte de laquelle le premier, personnifié par Indra qui est souvent secouru
par Agni, sort toujours vainqueur.

Voilà le sens réel de la tradition du Rig-Véda.
N'en déplaise à l'école allemande, les vieux Indous
étaient arrivés depuis longtemps, au moment où ils
chantaient ces poésies, à la notion de la Divinité, de
cette divinité dont parle Dirgathamas lorsqu'il prononce ces paroles que nous avons déjà plusieurs
fois citées :

Les sages donnent à l'Être unique plus d'un nom?

Et nous sommes d'autant plus à l'aise pour soutenir que cette école prête au Rig-Véda ses propres

rêveries, que libre penseur avant tout, il nous importerait fort peu, de ne point rencontrer ces notions chez les Indous, tandis que nos adversaires, naturalistes ou matérialistes purs, hommes de parti-pris avant tout, sont obligés de soutenir le matérialisme des Védas, sous peine de ruiner leurs propres théories.

Ils auront beau faire et beau dire, pour tout homme qui étudie le Rig-Véda sans système, et au point de vue de la science pure, le Rig-Véda n'est qu'un long cantique à la Divinité; et c'est des traditions de ce livre, que sont sorties toutes les traditions cosmiques et théogoniques, de la Chaldée, de l'Égypte, de la Grèce, de Rome, de la Germanie, de la Gaule et des pays scandinaves.

De même que les langues de ces contrées doivent être comparées au sanscrit, idiome indo-européen commun, pour qu'on puisse retrouver leurs racines et leurs formes primitives, de même tous leurs mythes religieux doivent être comparés aux mythes des Védas pour être compris. C'est cette dernière œuvre que nous essayerons d'accomplir dans notre *Étude sur la mythologie comparée.*

Sur ce point nous sommes d'accord avec notre adversaire quand il dit que :

« La découverte de la Mythologie

des Védas a été à la mythologie comparée, ce que la découverte du sanscrit
a été à la grammaire comparée. »

Nous ne voulons pas clore ce livre, sans montrer
à nos lecteurs que nous ne sommes pas isolés dans
cette lutte que nous soutenons contre la science
germanique à propos de l'interprétation des mythes
védiques.

Qu'on lise les lignes suivantes que nous emprun-
tons aux deux éminents indianistes cités plus haut,
et on verra que eux aussi ont trouvé la conception
divine dans son expression la plus élevée, là où
Max Muller et ses adeptes, n'ont rencontré que des
masques sans acteurs, que des noms sans êtres,
nomina et non numina.

« Quel que soit le sens réel des Védas, quel que
soit l'esprit qui les ait conçus, la foi qui les ait chantés, on demeure tout étonné au point de vue littéraire,
de la sérénité du style, de la grandeur des idées, de
la fermeté des sentiments qui les caractérisent. Il
semble qu'un souffle divin ait enflammé tous ces
esprits, inspiré tous ces poëtes. On croirait à les
entendre que de leur temps la fraîcheur odorante
qui s'élevait à l'aurore, du fond des prairies, du
feuillage des arbres, du sein des fleurs avait plus de

charmes pour les sens, et de grâce pour l'esprit que de nos jours.

« .Mais si le ciel enchante les richis par ses clartés, la terre par ses parfums, l'atmosphère par ses couleurs: si la brise qui agite les moissons, la rosée qui diamante les herbes, le rayon naissant qui empourpre l'espace, jettent leur âme dans l'extase, et dirige leurs chants vers les cieux, n'est-ce pas la preuve indiscutable que leur cœur est poëtique et que leurs lèvres sont sincères? N'en ressort-il pas cette évidence que l'humanité des premiers âges sentait instinctivement la divinité sourdre de l'âme, comme une source de la montagne? Que voulez-vous que soient ces vents harmonieux et bienfaisants, sinon des dieux propices, et cette atmosphère vivifiante, et ce soleil fécondant, et cette nature si riche, et ces eaux si utiles, c'est-à-dire tous les génies védiques, sinon d'admirables allégories de la force, de la grandeur et de la générosité d'un être supérieur et créateur, qui détaille ses bienfaits avec tant de prodigalité, que le contemplateur de sa bonté finit par s'égarer dans ces manifestations infinies. »

Nous voilà bien loin de ces métaphores mal comprises, de ces maladies du langage, de ces altérations de racines d'où l'antiquité aurait inconsciemment tiré tous ses mythes, bien loin de cette science systématique, qui part en guerre avec un principe défini, et qui d'avance nons annonce qu'elle va prouver que la vieille antiquité indoue s'est agenouillée devant des radicaux atteints d'excroissances linguistiques.

Il fallait un cerveau allemand pour s'imaginer que toute une grande civilisation a pu courber la tête, offrir des sacrifices et prier, sans savoir devant qui elle se courbait, devant qui elle déposait ses offrandes, et à qui elle adressait ses prières.

Nota. — Dans un volume spécial nous étudierons les Traditions africaines venues de l'Inde, et qu'un lien étroit rattache à celles de l'Europe.

FIN

TABLE DES MATIÈRES

FIN DE LA TABLE DES MATIÈRES.

Imprimere D. BARDIN, à Saint-Germain.